Reformkonzepte im Gesundheitswesen nach der Wahl

ALLOKATION IM MARKTWIRTSCHAFTLICHEN SYSTEM

Herausgegeben von
Heinz König (†), Hans-Heinrich Nachtkamp,
Ulrich Schlieper, Eberhard Wille

Band 63

PETER LANG
Frankfurt am Main · Berlin · Bern · Bruxelles · New York · Oxford · Wien

EBERHARD WILLE
KLAUS KNABNER
(HRSG.)

REFORMKONZEPTE IM GESUNDHEITSWESEN NACH DER WAHL

14. Bad Orber Gespräche
über kontroverse Themen
im Gesundheitswesen
12.–13. November 2009

PETER LANG
Internationaler Verlag der Wissenschaften

Bibliografische Information der Deutschen Nationalbibliothek
Die Deutsche Nationalbibliothek verzeichnet diese Publikation
in der Deutschen Nationalbibliografie; detaillierte bibliografische
Daten sind im Internet über http://dnb.d-nb.de abrufbar.

Umschlaggestaltung:
Atelier Platen, Friedberg

Gedruckt auf alterungsbeständigem,
säurefreiem Papier.

ISSN 0939-7728
ISBN 978-3-631-60587-5
© Peter Lang GmbH
Internationaler Verlag der Wissenschaften
Frankfurt am Main 2011
Alle Rechte vorbehalten.

Das Werk einschließlich aller seiner Teile ist urheberrechtlich
geschützt. Jede Verwertung außerhalb der engen Grenzen des
Urheberrechtsgesetzes ist ohne Zustimmung des Verlages
unzulässig und strafbar. Das gilt insbesondere für
Vervielfältigungen, Übersetzungen, Mikroverfilmungen und die
Einspeicherung und Verarbeitung in elektronischen Systemen.

www.peterlang.de

Inhaltsverzeichnis

Klaus Knabner
Begrüßung 7

Johann-Magnus von Stackelberg und Klaus Meesters
Wettbewerb als Anspruch: Der GKV-Spitzenverband zwischen staatlichen Direktiven und Wettbewerb der Krankenkassen 13

Dirk Göppfarth
Die Weiterentwicklung des Risikostrukturausgleichs 25

Jürgen Wasem und Anke Walendzik
Optionen zur „Überwindung" der Marktabgrenzung zwischen GKV und PKV 43

Reiner Hess
Künftige Herausforderungen des Gemeinsamen Bundesausschusses 67

Karl-Heinz Schönbach
Der Wettbewerb der Krankenkassen unter dem Gesundheitsfonds 73

Volker Leienbach
Der neue Wettbewerb zwischen GKV und PKV. Konfliktfeld 93

Adelheid Kuhlmey
Die künftige Sicherstellung der Pflege in strukturschwachen Regionen 101

Thomas Scharmann

Die Schnittstelle zum stationären Sektor aus Sicht der ambulanten Fachärzte 119

Dusan Tesic

Strategien an der Schnittstelle zum ambulanten Sektor aus der Sicht eines öffentlichen Unternehmens 123

Christoph Straub und Tilman Scheinert

Strategien an der Schnittstelle zum ambulanten Sektor aus der Sicht einer privaten Klinikkette 131

Wolfgang Plischke

Der Pharmastandort Deutschland im Lichte nationaler Regulierungssysteme 143

Dierk Neugebauer

Die neue Welt selektiver Verträge im Gesundheitswesen 153

Herbert Rebscher und Bernd Ziesemer

Risk- und Costsharing-Verträge aus Sicht einer Krankenkasse 169

Verzeichnis der Autoren 181

Begrüßung

Klaus Knabner

Meine sehr geehrten Damen und Herren,

herzlich willkommen zu den 14. Bad Orber Gesprächen in Berlin und das auch im Namen von Bayer Healthcare. Wir stehen am Anfang einer Legislaturperiode – und so wie es aussieht, auch am Anfang einer neuen Reformperiode. Mit Union und FDP haben sich – nach eigenem Bekunden – zwei Wunschpartner gefunden, die nun ernst machen können mit ihren Reformvorstellungen. Und die derzeit die Mehrheit nicht nur im Bundestag, sondern auch im Bundesrat haben.

Wie spannend es schon beim Start zugeht, zeigt nicht nur die koalitionsinterne durchaus kontroverse Debatte um Details geplanter Gesundheitsreformen, sondern auch die Unwägbarkeiten bei der Planung unseres Symposions. Vorgesehen war, das Franz Knieps, der Abteilungsleiter Gesundheitsversorgung und Krankenversicherung im Bundesgesundheitsministerium, das Eröffnungsreferat zum Thema „Die nächsten Reformschritte aus der Sicht des Bundesministeriums für Gesundheit" halten sollte. Franz Knieps, das wissen Sie, hat all die Jahre über die Bad Orber Gespräche kontinuierlich als Referent und Teilnehmer begleitet – umso bedauerlicher war seine Absage, aufgrund einer vorverlegten Auslandsreise. Ich hoffe, dass Franz Knieps, in welcher Position auch immer, bei den kommenden Bad Orber Gesprächen ein kompetenter und kritischer Begleiter bleiben wird.

Dennoch haben wir Glück gehabt: Quasi in letzter Minute ist es gelungen, die neuen parlamentarischen Staatssekretäre im Bundesgesundheitsministerium, Herrn Daniel Bahr und Frau Widmann-Mauz als Referenten zu gewinnen. Beide gehören fraglos zu den profilierten Gesundheitspolitikern und Kennern der Materie. Wir sind nun dankbar, dass sie in der neuen politischen Funktion uns heute Nachmittag zur Verfügung stehen.

Die Koalitionsvereinbarung und die Regierungserklärung der Kanzlerin vom vergangenen Dienstag lassen eines klar erkennen: Die neue Bundesregierung plant entscheidende und schwierige Reformschritte vor allem bei der Finanzierung des Gesundheitswesens. Die Optionen, die das Wettbewerbsstärkungsgesetz zur Weiterentwicklung und Neuordnung der Finanzierungssystematik geschaffen hat, sollen offenbar aktiv genutzt werden: die Gesundheitskosten sollen danach definitiv von den Lohnkosten abgekoppelt werden. Die Beiträge sollen unabhängig vom Arbeitseinkommen – eventuell als Prämie – erhoben werden. Der Sozialausgleich soll ins Steuersystem verlagert werden. War dies bislang am alten Koalitionspartner SPD gescheitert, so besteht nun zumindest nach der politischen Willenslage eine Anfangschance dafür, dass dieses Ziel nun konsequent verfolgt werden kann. Allerdings: Anders als bisherige Finanzreformen der gesetzlichen Krankenversicherung muss die von der Koalition geplante Reform mit einer Reform der Einkommenssteuer kompatibel gemacht werden. Und hierzu gibt es sicherlich noch viel Erklärungsbedarf, zum Beispiel: Wie ist das Ziel, den Solidarausgleich der gesetzlichen Krankenversicherung ins Steuersystem zu verlagern, vereinbar mit dem Ziel, die Bürger ab 2011 mit bis zu 24 Milliarden Euro zu entlasten? Wie vertragen sich Steuerentlastungen und eine zusätzliche Finanzierung der GKV aus Steuern mit der verfassungsrechtlich gebotenen Konsolidierung des Staatshaushalts? Und: Kann man sich vorstellen, dass auch privat Krankenversicherte, sofern sie, etwa als Rentner, niedrigere Einkommen haben, zu ihren Prämien einen steuerlichen Ausgleich erhalten?

Mindestens ebenso mutig ist der Plan der neuen Koalition, für die soziale Pflegeversicherung wenigstens teilweise einen Kapitalstock aufzubauen. So viel scheint sicher: Wenn man beabsichtigt, den Beitrag der Arbeitgeber zumindest prozentual zu deckeln, dann werden die Versicherten allein die künftigen Lasten des demografischen Wandels schultern müssen. Der Preis dürfte spürbar sein – und der politische Gegenwind heftig.

Nun ist es ja so, dass der Gesetzgeber für das Gesundheitswesen nur ganz wenige Regelungen für Versicherte, Patienten und Leistungserbringer abschließend trifft. Konkret gestaltet wird das Gesundheitswesen durch Verträge der Selbstverwaltungen oder durch Richtlinien des Gemeinsamen Bundesausschusses. Sie sind – immer noch – konstitutiv für die Gesundheitsversorgung der GKV-Versicherten. Daneben ist aber in den letzten Jahren ein wettbewerbliches Element getreten, das den einzelnen Krankenkassen und einzelnen Gruppen von Leistungserbringern ermöglicht, Vertragswettbewerb zu praktizieren. Ich bin deshalb dankbar, Johann-Magnus von Stackelberg vom GKV-Spitzenverband begrüßen zu können. Diese erst vor kurzem durch das Wettbewerbsstärkungsgesetz geschaffene Organisation vereinigt die ehemaligen Spitzenverbände unter einem Dach und konzentriert schätzungsweise 90 Prozent des Vertragsvolumens in der GKV auf sich. Die Frage ist, inwieweit dieses Konstrukt mit den Vorstellungen von mehr Wettbewerb vereinbar ist und ob sich in Zukunft - bei wachsender Konzentration im GKV-Versicherungsmarkt – die Krankenkassen nicht mehr und mehr von ihrem Spitzenverband zu emanzipieren versuchen.

Eines der Ziele der neuen Bundesregierung ist die Vereinfachung des morbiditätsorientierten Risikostrukturausgleichs. Ich begrüße Herrn Dr. Dirk Göpffarth vom Bundesversicherungsamt, das den Gesundheitsfonds und den Morbi-RSA durchführt und natürlich auch in seiner derzeitigen Ausgestaltung entscheidend beeinflusst hat. Auch hier tauchen mehrere Fragen auf: Ist es richtig und sinnvoll, so wie mit dem Gesundheitsfonds und dem Morbi-RSA geschehen – die Mittelverteilung regional zu egalisieren, was bedeutet, dass wohlhabendere Regionen wie Bayern und Baden-Württemberg zu Nettozahlern im System werden? Ist der Morbi-RSA gegenwärtig so konstruiert, dass Fehlanreize bei Kassen und Ärzten vermieden werden? Welche Prüfsysteme gibt es, um Fehlcodierungen zu vermeiden? Und schließlich: Ist es möglich, den Morbi-RSA zu vereinfachen und dennoch eine sachgerechte Mittelverteilung unter den Krankenkassen zu realisieren?

Herzlich begrüßen möchte ich Professor Jürgen Wasem. Mit dem Konzept der Bürgerversicherung hatte die SPD – zumindest langfristig ein Modell, GKV und PKV zusammenzuführen. Tatsächlich wurde dem WSG die Trennung der beiden Versicherungssysteme bestätigt, wobei der PKV gewisse solidarische Elemente durch den Basistarif zur Pflicht gemacht und ihr insgesamt die Zukunft erschwert wurde. Die neue Koalition scheint wieder einen Schritt zurückzugehen, indem sie die Wartezeiten zum Übertritt in die PKV verkürzen will. Eine Überwindung der Marktabgrenzung zwischen GKV und PKV ist das allerdings nicht. Aber man kann ja fragen: Wenn der SPD vorschwebte, immer mehr GKV-Elemente in der PKV einzuführen – kann man dann nicht auch den alternativen Weg beschreiten und in der gesetzlichen Krankenversicherung immer mehr Elemente einer Privatversicherung einbauen? Etwa durch ein Prämiensystem? Durch vermehrte Gestaltungsmöglichkeiten für Art und Umfang des Versicherungsschutzes? Könnte auf diesem Weg in Zukunft ein einheitlicher Versicherungsmarkt entstehen, der einen verzerrungsfreien Wettbewerb ermöglicht?

Der Gemeinsame Bundesausschuss ist eines der mächtigsten Gremien in der Gesundheitsversorgung. Er steht vor schwierigen Herausforderungen, über die sein Vorsitzender Dr. Rainer Hess berichten wird, den ich hier herzlich begrüße.

Einer der großen Streitpunkte wird sein, nach welchen Kriterien und nach welchem Prozedere Innovationen in den Leistungskatalog der gesetzlichen Krankenversicherung kommen werden. Durch den Erlaubnisvorbehalt ist die ambulante Medizin immer systematisch im Nachteil. Andererseits lässt sich die Trennung von ambulanter und stationärer Medizin heute kaum noch aufrecht erhalten. Ein weiteres Konfliktfeld ist die Kosten-Nutzen-Bewertung für Arzneimittel. Leider ist es trotz der Bemühungen auch des Bundesgesundheitsministeriums nicht gelungen, eine Methodik zu finden, die international als anerkannt gelten kann und die von der betroffenen pharmazeutischen Industrie als akzeptabel bewertet wird. Umso interessanter wird es sein, wie die Gesundheitspolitik der neuen Koalition auf diese Konstellation reagiert.

Dass sich die Krankenkassen völlig neu aufstellen, zeigt sich schon an den Fusionsprozessen dieses Jahres. Der größte Kassenverbund ist die AOK, Ich begrüße Karl-Heinz Schönbach vom AOK-Bundesverband, der über den „Wettbewerb der Krankenkassen unter dem Gesundheitsfonds" referieren wird. Spannend wird dabei auch die Frage sein, wie sich in Zukunft die Gestaltungsmöglichkeiten der einzelnen Krankenkassen im Verhältnis zu den Funktionen des GKV-Spitzenverbandes entwickeln werden.

Deutlich vernehmbar war das Aufatmen bei den Privaten Krankenversicherern und seinem Verband, als der Koalitionsvertrag bekannt wurde. Ich begrüße Dr. Volker Leienbach, den Direktor des Verbandes der Privaten Krankenversicherung. Seit langem stehen für die PKV wichtige Reformen auf der Tagesordnung, die allerdings bislang gescheitert sind: Das sind die Gebührenordnungen für Ärzte und Zahnärzte. Pläne, die direkte Vertragsverhältnisse zwischen Leistungserbringern und Versicherern ermöglichen, stoßen auf erbitterten Widerstand der Kammern. Die PKV hat bislang kaum Einfluss auf die Kostenentwicklung und hat daher weitaus größere Ausgabensteigerungen als die GKV zu verkraften. Man darf gespannt sein, ob es der PKV gelingt, dass der Verordnungsgeber diesen Wettbewerbsnachteil im Vergleich zur GKV bereinigt.

Zum Abschluss des heutigen Tages konzentrieren wir uns auf eine der großen Zukunftsherausforderungen einer alternden Gesellschaft: Professor Adelheid Kuhlmey, die sich im Sachverständigenrat schwerpunktmäßig mit der Pflege befasst, wird die Frage analysieren, mit welchen Optionen die Versorgung pflegebedürftiger Menschen in strukturschwachen Regionen sichergestellt werden kann.

Werfen wir noch einen kurzen Blick auf den morgigen Vormittag. Wir werden dann schwerpunktmäßig wichtige Weiterentwicklungen in der Organisation medizinischer Leistungen analysieren. Ganz offenkundig wird seit einigen Jahren, dass ambulante und stationäre Medizin einerseits in einen intensiveren Wettbewerb geraten, andererseits die Grenzen immer fließender werden und die Kooperation zunimmt. Aus der Perspektive niedergelassener Fachärzte wird dies Dr. Thomas Scharmann analysieren, aus der Sicht eines öffentlichen Krankenhausträger Dusan Tesic von Vivantes. Dr. Christoph Straub, der vor nicht allzu langer Zeit von der Techniker Krankenkasse in den Vorstand der Rhön Kliniken AG gewechselt ist, wird die Strategie seines Unternehmens beleuchten. Eine Strategie übrigens, die von mächtigen Organisationen niedergelassener Ärzte wie der KBV und dem Hausärzteverband vehement und mit öffentlichem Druck bekämpft wird.

Den Abschluss unseres Symposions bildet ein Blick auf das Reglement für die Arzneimittelversorgung. Konsens ist inzwischen, dass wir eine inkonsistente Überregulierung haben. Man kann sicher sein, dass der Gesetzgeber Korrekturen vornimmt. Umso wichtiger ist, dass die Akteure ebenfalls einen Konsens finden. Mit Dr. Wolfgang Plischke, der im Vorstand der Bayer AG das Ressort Forschung und Entwicklung verantwortet und der gegenwärtig als VFA-Vorsitzender die forschende Arzneimittelindustrie repräsentiert, haben wir einen auch international erfahrenen Entscheidungsträger der Pharma-Industrie. Über alternative dezentrale Steuerungsmöglichkeiten der Arzneimittelversorgung durch Risk- und Cost-Sharing-Verträge berichten Dierk Neugebauer von Novartis und Professor Herbert Rebscher von der DAK.

Meine Damen und Herren,

last but not least begrüße ich ganz herzlich den Chairman unseres Symposions, Professor Eberhard Wille, der seit nunmehr 13 Jahren die Bad Orber Gespräche leitet und ihre Inhalte mitgestaltet und mitverantwortet. Trotz eines unglaublich vielfältigen und schwierigen Programms haben wir uns für eine Straffung entschieden. Ich hoffe und wünsche uns, dass dennoch genügend Zeit für offene und fruchtbare Diskussionen verbleibt. Nicht zuletzt dazu soll auch unser gemeinsames Abendessen dienen.

Wettbewerb als Anspruch: Der GKV-Spitzenverband zwischen staatlichen Direktiven und Wettbewerb der Krankenkassen

Johann-Magnus von Stackelberg und Klaus Meesters

In seiner ersten Ausgabe im Jahr 2010 befasste sich der Tagesspiegel in einem ganzseitigen Artikel mit der Gesundheitspolitik.[1] Er prophezeite, die Gesundheitspolitik werde eines der politischen Streitthemen des neuen Jahres sein, zudem eines, das jeden betreffe – eine Einschätzung, die man getrost teilen darf. Um die Leserschaft mit dem nötigen Basiswissen zum Verständnis des drohenden Streits auszustatten, wurde in einem Glossar von A wie Arbeitgeber bis Z wie Zusatzbeiträge dargelegt, was das deutsche Gesundheitssystem ausmache. W wie Wettbewerb wurde wie folgt erläutert.

Die wohl beliebteste Vokabel, wenn Politiker übers Gesundheitssystem sprechen. Tatsächlich ist der Wettbewerb hier höchst eingeschränkt, 97 Prozent der Kassenleistungen sind gesetzlich vorgeschrieben. Mit der Möglichkeit, Zusatzbeiträge zu erheben oder Beiträge zurückzuerstatten, wollte die Koalition verhindern, dass sich die Kassen nach Einführung des Einheitsbeitrags preislich nicht mehr unterscheiden. Zudem dürfen sie jetzt mehr Wahlleistungen anbieten. Der neuen Regierung reicht das nicht. Sie will ihnen wieder „mehr Beitragsautonomie" und „regionale Differenzierungsmöglichkeiten" geben – was immer das bedeutet.

Zu jedem einzelnen dieser sechs Sätze ließe sich einiges sagen. Dies soll aber im folgenden Beitrag nicht geschehen. Vielmehr soll allein das hier zum Ausdruck gebrachte, eher eindimensionale Grundverständnis vom Wettbewerb im Gesundheitswesen aufgegriffen und kritisch hinterfragt werden. Denn die entscheidende Wettbewerbsebene bleibt hier schlicht ausgeblendet – wie so oft in der gesundheitspolitischen Debatte und leider auch im Koalitionsvertrag von Union und FDP. Hiervon soll im Folgenden die Rede sein. Darüber hinaus steht zu hoffen, dass demnächst beim Stichwort Wettbewerb im Gesundheitswesen auch das Stichwort GKV-Spitzenverband fallen wird. Denn diese Begriffe gehören durchaus zusammen, wie sich im ersten Teil des Beitrags zeigen wird.

---

[1] Der Tagesspiegel: Mit Risiken und Nebenwirkungen, Ausgabe vom 2.1.2010, Nr. 20 487, Seite 2

Der GKV-Spitzenverband und seine Aufgaben

Seit dem 1. Juli 2008 vertritt der GKV-Spitzenverband als Verband aller gesetzlichen Kranken- und Pflegekassen die Interessen der rund 70 Mio. gesetzlich Versicherten sowie der Arbeitgeber als Beitragszahler auf der Bundesebene gegenüber der Politik, den Medien und den Vertragspartnern. Der neue Verband hat mit diesem Tag alle bislang als einheitlich und gemeinsam definierten Aufgaben der früheren Spitzenverbände der Krankenkassen auf der Bundesebene übernommen. Der umfassende Aufgabenkatalog umfasst über 160 gesetzlich normierte Einzelaufgaben. Zu den zentralen Aufgaben des GKV-Spitzenverbandes gehört die Gestaltung des Kollektivvertragsrechts der gesetzlichen Krankenversicherung. Im Kern sind dies die Rahmenverträge und Vergütungsvereinbarungen für die vertragsärztliche und vertragszahnärztliche sowie für die stationäre Versorgung. Der GKV-Spitzenverband bestimmt zudem Festbeträge für Arznei- und Hilfsmittel und setzt Höchstbeträge für Arzneimittel fest. Er macht Vorgaben für die Vergütungsverhandlungen und Arzneimittelvereinbarungen auf der Landesebene und unterstützt die Krankenkassen und ihre Landesverbände bei der Erfüllung ihrer Aufgaben, z. B. der Sicherung des elektronischen Datenaustauschs. Zum Aufgabenkatalog zählen weiterhin die Aufgaben als Spitzenverband der Pflegekassen, die Definition von Grundsätzen zur Prävention und Rehabilitation sowie die Entscheidungen über grundsätzliche Fach- und Rechtsfragen zum Beitrags- und Meldeverfahren in der Sozialversicherung. Des Weiteren bildet der GKV-Spitzenverband den Medizinischen Dienst des Spitzenverbandes (MDS), vertritt die gesetzliche Krankenversicherung im Gemeinsamen Bundesausschuss (G-BA) und ist in Stiftungsrat und Vorstand der Stiftung für Qualität und Wirtschaftlichkeit im Gesundheitswesen (IQWiG) vertreten.

Mammutbehörde mit Regulierungsfunktion?

Der umfängliche Aufgabenkatalog des GKV-Spitzenverbandes macht deutlich, wie wichtig Rollenfindung und Selbstverständnis des GKV-Spitzenverbandes für das System der gesetzlichen Krankenversicherung sind. Vielfach wird ob der Aufgabenfülle die Befürchtung geäußert, der GKV-Spitzenverband werde sich zwangsläufig zu einer wettbewerbsfeindlichen, von den originären Interessen seiner Mitglieder enthobenen Mammutbehörde entwickeln. Als öffentlich-rechtlicher Monopsonist im Kollektivvertragssystem auf der Bundesebene müsse er sich allein schon zur Wahrung seiner Organisationsinteressen gegen die

Ausweitung selektivvertraglicher Spielräume der Krankenkassen aussprechen. Daneben steht die Erwartung, der GKV-Spitzenverband werde zur Entlastung der staatlichen Exekutive zunehmend mit Regulierungsaufgaben betraut werden, sich sukzessive zu einer Regulierungsbehörde ähnlich der Bundesnetzagentur entwickeln.

Doch bei all diesen Erwartungen oder Befürchtungen macht man letztlich die Rechnung ohne den Wirt. Nach gegebener Gesetzeslage lassen die vorgegebenen Organisationsstrukturen eine solche Entwicklung gar nicht zu. Der GKV-Spitzenverband ist ein Verband der Kranken- und Pflegekassen. Diese bestimmen über ihre Delegierten, über ihre Mitglieder im Verwaltungsrat und seinen Ausschüssen die grundlegenden politischen Weichenstellungen und damit zugleich das Selbstverständnis ihres Spitzenverbandes. Ergänzend zu den gesetzlichen Organen des Verbandes hat die Selbstverwaltung mit ihrem Satzungsrecht als Beratungsgremium einen Fachbeirat installiert, der – besetzt mit Vorstandsmitgliedern der Mitgliedskassen sowie ihrer Wettbewerbsverbände – für mehr Transparenz zwischen dem operativen Geschäft der Krankenkassen und den Vertragsaufgaben des GKV-Spitzenverbandes sorgt. So gehört es dezidiert zum Selbstverständnis des GKV-Spitzenverbandes, dass er sich im Interesse seiner Mitglieder für eine wettbewerbliche und damit qualitätsorientierte Weiterentwicklung des Gesundheitswesens einsetzt. Dabei nimmt er in Bezug auf den Wettbewerb seiner Mitglieder untereinander eine streng wettbewerbsneutrale Position ein – für jede andere Ausrichtung könnte er selbstredend auch kein mehrheitliches Mandat seiner Mitglieder bekommen.

Wettbewerbsverständnis

Sein grundlegendes Verständnis von der Funktion des Wettbewerbs im Gesundheitswesen hat der GKV-Spitzenverband mit seinen im Herbst 2009 verabschiedeten gesundheitspolitischen Positionen deutlich gemacht.[2] Wettbewerb ist für den GKV-Spitzenverband kein Wert an sich, sondern ein Mittel zur Erreichung des prioritären Ziels, die Versorgung der Versicherten kontinuierlich zu verbessern – sowohl hinsichtlich ihrer Qualität als auch hinsichtlich ihrer Wirtschaftlichkeit. Wettbewerb ist kein Allheilmittel für alle Allokationsfragen im Gesundheitswesen. So sind die Entscheidungen über den Leistungskatalog der

---

[2] GKV-Spitzenverband: Perspektiven für Reformen – Die Positionen des GKV-Spitzenverbandes für ein zukunftsfestes Gesundheitssystem, beschlossen vom Verwaltungsrat am 26. November 2009.

gesetzlichen Krankenkassen im Gemeinsamen Bundesausschuss, dem gemeinsamen Parlament von Ärzten, Zahnärzten, Krankenhäusern und Krankenkassen, in dem auch die Vertreter der Patienten- und Selbsthilfegruppen mit beraten, wesentlich besser aufgehoben als im Wettbewerb. Dagegen ist Wettbewerb ein wichtiges Instrument zur Ressourcensteuerung im Gesundheitswesen. Eine stärkere wettbewerbliche Steuerung kann helfen, bestehende Situationen der Über-, Unter- und Fehlversorgung abzubauen und die Versicherten- und Patientenorientierung der beteiligten Akteure zu stärken.

Verband der Krankenkassen

Das Selbstverständnis des GKV-Spitzenverbandes, Interessenverband seiner Mitglieder und nicht ausführendes Regulierungsorgan der staatlichen Exekutive zu sein, stellte der Verband bereits im Jahr 2008 bei der Diskussion um das Gesetz zur Weiterentwicklung der Organisationsstrukturen in der gesetzlichen Krankenversicherung, kurz GKV-OrgWG, unter Beweis. Der erste Referentenentwurf zum GKV-OrgWG wurde bereits Ende April 2008 bekannt und sah umfangreiche Pflichten und Eingriffsrechte für den GKV-Spitzenverband im Rahmen der Haftung bei Schließung oder Insolvenz einer Krankenkasse sowie zur Haftungsprävention vor. Dem GKV-Spitzenverband sollte etwa die Aufgabe übertragen werden, eine leistungsschwache Krankenkasse auch gegen ihren Willen mit einer leistungsstarken Krankenkasse zu vereinigen. Zudem war vorgesehen, nicht ausschließlich zur Erleichterung von Vereinigungen kassenartenübergreifende Hilfen zu gewähren. Kassenartenübergreifende Finanzhilfen sollten auch in Fällen besonderer finanzieller Notlagen und zum Erhalt der Wettbewerbsfähigkeit gewährt werden. In der Diskussion über diesen Referentenentwurf konnte der GKV-Spitzenverband dem Bundesministerium für Gesundheit deutlich machen, dass die vorgesehenen weitgehenden Eingriffsrechte des GKV-Spitzenverbandes der Intention einer wettbewerblich orientierten gesetzlichen Krankenversicherung und auch der wettbewerbsneutralen Position des GKV-Spitzenverbandes widersprechen. Der GKV-Spitzenverband lehnte die ihm zugedachten Regulierungsfunktionen als ordnungspolitisch verfehlt ab. Und dies mit Erfolg. Im Kabinettsentwurf vom 16. Mai 2008 waren die kritischen Regelungen in dieser Form nicht mehr enthalten. So kann heute ein Antrag auf Gewährung kassenartenübergreifender Hilfen ausschließlich von der zuständigen Aufsichtsbehörde und nur zur Erleichterung von Vereinigungen gestellt werden. Und um die richtigen Anreize zur Vermeidung von Schließungen oder Insolvenzen zu setzen, gilt heute, dass Hilfeleistungen lediglich subsidiären

Charakter gegenüber kassenarteninternen Hilfen haben. Auch diese Position konnte der GKV-Spitzenverband erfolgreich gegenüber der Politik vertreten.

Verband der Krankenkassen und keine übergeordnete Regulierungsinstanz zu sein, ist weiterhin Leitbild des GKV-Spitzenverbandes. Die Herausforderung liegt letztlich in der Qualität und Intensität der Zusammenarbeit innerhalb des Verbandes. Nur wenn es gelingt, mit den 169 Krankenkassen[3] und ihren Wettbewerbsverbänden stetig, offen und vertrauensvoll zusammenzuarbeiten, wird sich der GKV-Spitzenverband als anerkannter Interessenverband seiner Mitglieder dauerhaft positionieren können.

Mitgliederwettbewerb der Krankenkassen funktioniert

Häufig wird, wenn von mangelndem Wettbewerb im Gesundheitssystem die Rede ist, nur auf eine von drei zentralen Ebenen des Wettbewerbs abgestellt - auf den Wettbewerb zwischen den einzelnen Krankenkassen um ihre Mitglieder. Auf diesen Kassenwettbewerb bezieht sich auch der eingangs zitierte Wettbewerbsdefinition des Tagesspiegels. Zugleich wird angedeutet, echter Wettbewerb verlange die Aufspaltung des gesetzlich garantierten Leistungskatalogs in bestimmte Pflicht- und Wahlleistungen. Diese Einschätzung geht am eigentlichen Problem der Krankenversicherung vorbei. Der Mitgliederwettbewerb der Krankenkassen hat sich als durchaus funktionsfähig erwiesen. Seit seiner Einführung mit dem allgemeinen Krankenkassenwahlrecht Mitte der 90er Jahre hat sich die Dienstleistungsorientierung der gesetzlichen Krankenversicherung sukzessive verbessert. Mit erheblichem Engagement konkurrieren die gesetzlichen Krankenkassen um ihre Versicherten – mit vielfältigen Beratungsangeboten für sozialrechtliche wie medizinische Fragen, mit ausgedehnten Öffnungszeiten, Hotlines und Internet-Geschäftsstellen, mit speziellen Disease-Management-Programmen für chronisch Kranke, mit Angeboten zur primären Prävention und zur betrieblichen Gesundheitsförderung, mit Hausarzt- und Rabattverträgen, mit einer Vielzahl unterschiedlicher Wahltarife sowie mit Zusatzversicherungen, deren Angebot im Rahmen von Kooperationen mit privaten Versicherern möglich ist. Der Aktionsradius für die Krankenkassen hat sich auf dieser Wettbewerbsebene deutlich erweitert. Und er wird erkennbar zum Nutzen der Versicherten genutzt. Wer als Versicherter das Gefühl hat, schlecht betreut zu werden, stimmt mit den Füßen ab und geht zur Konkurrenz. Dank des Finanzie-

---

[3] Stand: 1.1.2010

rungsmodus der GKV und des versichertenfreundlichen Kündigungsrechts ist ein Kassenwechsel einfach und kann – im Gegensatz zu einem Wechsel innerhalb der privaten Krankenversicherung – ohne finanzielle Nachteile vollzogen werden. Zugleich gelingt es durch den Risikostrukturausgleich, Risikoselektion zu Lasten einkommensschwacher und/oder kranker Mitglieder zu verhindern. Der Mitgliederwettbewerb funktioniert. Einer Spaltung des gesetzlichen Leistungskatalogs in Pflicht- und Wahlleistungen bedarf es hierfür nicht. Eine umfassende gesundheitliche Versorgung im Krankheitsfall sollte individuell nicht zur Disposition stehen. Ansonsten wird Gesundheit - noch mehr als heute - zur Frage des Einkommens, der Bildung, der sozialen Schichtung.

Wettbewerb um Patienten

Die zweite Wettbewerbsebene, der Wettbewerb der Leistungserbringer, der Ärztinnen und Ärzte, der medizinischen Versorgungszentren, der Krankenhäuser und sonstigen Gesundheitsberufe, um ihre Patienten ist dagegen allein in der Theorie funktionsfähig. Zwar sind die freie Wahl des behandelnden Vertragsarztes oder des Krankenhauses im Rahmen des wirtschaftlich Vertretbaren gegeben. Im Krankheitsfall kann Wettbewerb aber nicht das entscheidende Steuerungsinstrument für Versorgungsleistungen sein. Art und Umfang der notwendigen Leistungen sowie der Zeitpunkt der Leistungserbringung sind im Krankheitsfall nicht frei bestimmbar, Handlungs- und Entscheidungsfähigkeit des Nachfragers Patient sind erheblich eingeschränkt. Salopp gesagt: Im Krankheitsfall verliert der *homo oeconomicus* schnell an Rationalität. Auch an der nötigen Transparenz über die Qualität der Versorgungsleistungen mangelt es weithin, auch wenn man hier partiell auf einem guten Weg ist. Jedenfalls tragen die vielen Beratungsangebote und Initiativen von Krankenkassen, Verbraucher- und Patientenberatungsstellen, von Medien, Internetportalen und speziellen Instituten, die sich für Transparenz von Qualität und Wirtschaftlichkeit im Gesundheitswesen einsetzen, spürbar dazu bei, dass die Patienten vermehrt unabhängige und informierte Entscheidungen treffen können.

Vertragswettbewerb ist entscheidend

Der Schlüssel zu einem vollständig funktionierenden Wettbewerb, zu einem Wettbewerb, der Effizienzreserven zu heben vermag, indem er bestehende Qualitätsniveaus zu niedrigeren Preisen oder höhere Qualitätsniveaus zu konstanten Preisen erreicht, liegt auf der dritten Ebene. Dies ist die Ebene des Vertragswettbewerbs. Hier treten die Krankenkassen als Nachfrager von Versorgungsleistungen für ihre Versicherten auf und die Leistungserbringer konkurrieren untereinander um den Abschluss von Versorgungsverträgen. Entscheidende Parameter sind die Qualität und die Wirtschaftlichkeit der Versorgungsleistungen. Für die Krankenkassen sind beide Aspekte gleichermaßen entscheidend. Werden die Versicherten einer Krankenkasse im Behandlungsfall schlecht versorgt, führt dies ebenso zur Abwanderung von Mitgliedern wie hohe Zusatzbeiträge, die durch überdurchschnittlich teure Verträge entstehen können. Diesen Qualitäts- und Wirtschaftlichkeitswettbewerb zu entfesseln muss Ziel einer Politik sein, die sich den Wettbewerb auf die Fahnen geschrieben hat. Es liegt im Wesen des Wettbewerbs, dass Nachfrager und Anbieter frei sind, über den Abschluss von Verträgen zu entscheiden. Effizientere Strukturen, klügere Konzepte, patientenfreundlichere Behandlungspfade, überlegene Verfahren und Ideen können sich nur durchsetzen, wenn der Markt zugleich schlechtere Leistungen bestraft. Deshalb ist selektives Kontrahieren in Ergänzung zu den Kollektivverträgen das grundsätzliche Gebot der Stunde. Neben einer erhöhten Wirtschaftlichkeit und einer verbesserten Qualität kann eine Ausweitung des Vertragswettbewerbs helfen, Über-, Unter- und Fehlversorgung abzubauen und die Patientenorientierung zu stärken.

Koalitionsvertrag: Wettbewerbliches Credo fällt auf

Im Grundsätzlichen sieht dies die neue Koalition genauso. In ihrem Koalitionsvertrag bekennen sich auch CDU, CSU und FDP zum Wettbewerb im Gesundheitswesen. Wettbewerb wird als ordnendes Prinzip verstanden, das den Zielen der Vielfalt, der Effizienz und der Qualität der Versorgung dienen soll.[4] Die Koalition wolle, dass die Krankenkassen genügend Spielraum erhalten, um im Wettbewerb gute Verträge gestalten zu können und regionalen Besonderheiten gerecht zu werden. Sie kündigt an, dass auf der Versicherungs-, Nachfrage- und Angebotsseite die Voraussetzungen für einen funktionsfähigen Wettbewerb um innovative und effiziente Lösungen geschaffen werden.

Die wettbewerbsfreundliche Diktion des Koalitionsvertrages, sein Bekenntnis zum Wettbewerb auf allen Ebenen sind eindeutig. Daher ist es mehr als gerechtfertigt, die Dimension „Wettbewerb" als Prüfstein für die im Einzelnen ange-

---

[4] CDU [Hrsg.], "Wachstum. Bildung. Zusammenhalt.", Koalitionsvertrag zwischen CDU, CSU und FDP vom 26.10.2009, Seite 85 ff

kündigten Maßnahmen des Vertrages und für ihre späteren Umsetzungen zu betrachten.

Erfreulich: Ergänzender Bundeszuschuss für 2010

Gesetzgeberische Umsetzungen sind aktuell noch nicht auf den Weg gebracht – mit einer erfreulichen Ausnahme. Bei der geht es aber weniger um die wettbewerbliche Rahmensetzung als um eine auskömmliche Finanzierung der gesetzlichen Krankenversicherung. Gleichwohl sei sie hier nicht verschwiegen. In Umsetzung einer Vorgabe des Koalitionsvertrages beschloss das Bundeskabinett am 16. Dezember 2009 mit dem Sozialversicherungs-Stabilisierungsgesetz dem Gesundheitsfonds für das Jahr 2010 zusätzliche 3,9 Mrd. Euro aus Bundesmitteln zur Verfügung zu stellen. Mit diesen zusätzlichen Mitteln sollen die erwarteten krisenbedingten Einnahmenausfälle des Fonds aufgefangen werden. Zugleich werden mit dem geplanten Gesetz Regelungen geschaffen, die die Verteilung der zusätzlichen Gelder auf die Krankenkassen ermöglichen. Die erhöhte Bundesbeteiligung reduziert das vom GKV-Schätzerkreis für 2010 prognostizierte Defizit von 7,8 Mrd. Euro zwar nur um die Hälfte. Vor dem Hintergrund der schwierigen Haushaltslage des Bundes ist dies gleichwohl eine gewichtige Maßnahme der neuen Bundesregierung, die der GKV-Spitzenverband ausdrücklich begrüßt.

Über das Sozialversicherungs-Stabilisierungsgesetz hinaus sind keine weiteren konkreten Maßnahmen zur Umsetzung der Koalitionsvereinbarungen bekannt geworden. Dies gilt auch für die personelle Besetzung und den Fahrplan der vereinbarten Einsetzung einer Regierungskommission zur Reform des Finanzierungssystems.

Koalitionsvertrag: Wettbewerb im Konkreten nicht erkennbar

So bleibt allein der sich eher im Unverbindlichen bewegende Koalitionsvertrag. Bei näherer Betrachtung fallen die angekündigten Einzelmaßnahmen allerdings hinter das grundsätzliche Bekenntnis zum Wettbewerb zurück. Da wäre erstens der für die hausärztliche Versorgung formulierte Prüfauftrag. Die eingeführten Regelungen zur hausärztlichen Versorgung in § 73b SGB V sind ein eindeutiger Verstoß gegen die Grundsätze des Vertragswettbewerbs. Sie müssten von einer neuen Regierung, die sich dem Wettbewerbsgedanken verschrieben hat, dringend geändert werden. Doch der bestehende Kontrahierungszwang der Krankenkassen und das Angebotsmonopol der Hausarztverbände werden mit der vereinbarten Überprüfung im Jahr 2012 für die nächsten drei Jahre festgeschrieben.

Im Bereich der ambulanten Versorgung fällt zweitens die avisierte Verschärfung der Zulassungsbedingungen für medizinische Versorgungszentren (MVZ) auf. Aus wettbewerblicher Sicht ist eine Einschränkung der Organisationsform MVZ gegenüber den Einzelpraxen der niedergelassenen Vertragsärzte nicht zu rechtfertigen. Die Versorgungszentren haben den Wettbewerb in der ambulanten ärztlichen Versorgung belebt, sie bedrohen ihn keinesfalls - auch dann nicht, wenn die Geschäftsanteile mehrheitlich nicht von Ärzten gehalten werden. Diese Maßnahme, so sie denn umgesetzt wird, erweckt eher den Anschein, klientel- als wettbewerbspolitisch motiviert zu sein.

Dasselbe gilt für den Punkt der Ausweitung der Kostenerstattung. Dies wäre ein Rückschritt. Kostenerstattung steht dem Vertragswettbewerb diametral gegenüber. Krankenkassen schließen Versorgungsverträge mit den Leistungserbringern im Rahmen ihrer Sachleistungsgewährung ab. In diesem Kontext können Qualitäts- und Kostensteuerung funktionieren. Mit Verträgen lassen sich Qualitätsstandards definieren und weiterentwickeln, werden Anreize zu kosteneffizientem Verhalten gesetzt. Reduziert man die Funktion einer Krankenkasse auf die Rolle des „Kostenerstatters" müssen Qualitäts- und Kostensteuerung scheitern. Dies ist letztlich auch der Grund dafür, weshalb die private Krankenversicherung bereits seit Jahren für eigene Vertragsfreiheiten mit Ärzten und Krankenhäusern streitet und ein Naturalleistungsprinzip, letztlich nichts anderes als das Sachleistungsprinzip der GKV, einfordert.

Die angekündigten Maßnahmen im Bereich der stationären Versorgung, besser gesagt, die ausgelassenen Ankündigungen, geben ebenfalls wenig Anlass für Hoffnung auf mehr Wettbewerb. Kommen der Koalition keine neuen Einsichten, so bleibt der stationäre Sektor eine nahezu wettbewerbsfreie Zone. Der Vorschlag des GKV-Spitzenverbandes, den Krankenkassen und ihren Arbeitsgemeinschaften für ein definiertes Spektrum von ausgewählten Krankenhausleistungen die Möglichkeit zu geben, selektive Verträge mit Krankenhäusern abzuschließen, liegt auf dem Tisch. Man sollte die Hoffnung nicht aufgeben, dass hierzu demnächst einmal eine konkrete Umsetzungsdebatte geführt wird. Dies gilt ebenso für die weitere Öffnung der Krankenhäuser für die ambulante ärztliche Versorgung, die aber nur dann ernsthaft Sinn macht, wenn zugleich ein einheitlicher Ordnungsrahmen für ambulante Leistungen geschaffen wird und dabei der Kontrahierungszwang, d. h. der Anspruch der Krankenhäuser auf einen Vertrag mit den Krankenkassen, zur Disposition gestellt wird.

Auch im Arzneimittelbereich lässt die Wettbewerbsorientierung des Koalitionsvertrages zu wünschen übrig. Das Festhalten an dem versorgungs- wie ordnungspolitisch nicht zu begründenden Fremd- und Mehrbesitzverbot für Apotheken sowie die Ankündigung des Verbots von Pick-up-Stellen für Arzneimittel freut zwar die Inhaber von Präsenzapotheken. Wirtschaftlichkeitsreserven, die mit einer Liberalisierung des Apothekenmarktes einhergehen würden, werden damit leichtfertig verschenkt. Im Übrigen wird ganz allgemein der Abbau der Überregulierung im Arzneimittelmarkt angekündigt. Dieser werde unter patienten-, mittelstandsfreundlichen und wettbewerblichen Kriterien effizient neu geordnet. Konkretes lässt sich dem nicht entnehmen.

Um den Qualitäts- und Effizienzwettbewerb zu steigern, wären zudem mehr einzelvertragliche Möglichkeiten im Bereich der zahnmedizinischen und zahntechnischen Versorgung sowie in der Versorgung mit Heil- und Hilfsmitteln wünschenswert. Zu einer wettbewerblichen Weiterentwicklung der vertragszahnärztlichen Versorgung finden sich im Koalitionsvertrag leider keine Aussagen, die Heil- und Hilfsmittelversorgung wird nicht thematisiert.

Festzuschusssysteme führen zur Zwei-Klassen-Versorgung

Mit Blick auf eine am medizinischen Bedarf orientierte und qualitätsgesicherte Versorgung der Versicherten sind Aussagen im Koalitionsvertrag besorgniserregend, die eine Ausweitung von Festzuschusssystemen und/oder Mehrkostenregelungen als Instrument zur Stärkung von Wahlmöglichkeiten und Entscheidungsspielräume der Versicherten und Patienten propagieren. Dies gilt vor allem, da sich auch gewichtige Anbieterinteressen die Durchsetzung von Festzuschusssystemen stark machen. Aus Sicht der Krankenversicherung, der Versicherten wie der Beitragszahler, wäre dies jedoch der falsche Weg. Bei Festzuschusssystemen besteht immer die Gefahr, dass Situationen von Unterversorgung entstehen, weil sich nicht alle Versicherten gleichermaßen hohe finanzielle Eigenbeteiligungen leisten können. Wie negativ sich Festzuschüsse auf die Versorgung auswirken können, hat beispielhaft das Verhalten der Zahnärzteschaft im Jahr 1998 gezeigt. Im letzten Regierungsjahr des Kanzlers Kohl wurden Festzuschüsse für Zahnersatz eingeführt. Bis zur erneuten gesetzlichen Änderung durch das Solidaritätsstärkungsgesetz der Regierung Schröder mussten die gesetzlich Versicherten – wie privat Versicherte – ihren Zahnersatz privat mit ihrem Zahnarzt abrechnen. Die Krankenkassen konnten auf Qualität und Wirtschaftlichkeit der Versorgungen keinen Einfluss mehr nehmen. Im Ergebnis führten die Festzuschüsse vielfach zu maßlos überzogenen Abrechnungen von Zahnärzten, zu unvertretbaren Belastungen der Versicherten und zu erheblicher Verunsicherung über das Kosten-Nutzen-Verhältnis der zahnärztlich empfohlenen Zahnersatzversorgungen.

Festzuschusssysteme wären auch in anderen Versorgungsbereichen ein Irrweg. Zwar kann das Sachleistungssystem in Einzelfällen durchaus dazu führen, dass Versicherte bestimmte, besonders favorisierte, zumeist sehr teure Versorgungen nicht erhalten können. Doch die einflussreicheren Befürworter von Festzuschusssystemen haben in der Regel eher Anbieterinteressen im Sinn oder verkennen ganz einfach den hohen Grad der asymmetrischen Information zwischen Behandler und Patient. Im Interesse einer qualitativ guten und zugleich wirtschaftlichen Versorgung sind in jedem Fall Regelungen zur Stärkung des Vertragswettbewerbs zu favorisieren. So bietet es sich etwa in der Hilfsmittelversorgung an, das gesetzliche Beitrittsrecht neu zu gestalten. Das Beitrittsrecht zu Verhandlungsverträgen könnte z. B. erst mit einer zeitlichen Verzögerung entstehen.

Fazit

Der GKV-Spitzenverband setzt sich als Verband aller gesetzlichen Kranken- und Pflegekassen für die wettbewerbliche Weiterentwicklung des Gesundheitswesens ein. Wettbewerb wird dabei nicht als Allheilmittel betrachtet, sondern als ein sinnvolles Steuerungsinstrument, welchem neben der notwendigen staatlichen Rahmensetzung und der kollektivvertraglichen Steuerung durch die gemeinsame Selbstverwaltung mehr Bedeutung zukommen sollte. Während die gemeinsame Selbstverwaltung zunehmend Regelungskompetenzen vom Staat übernehmen muss, z. B. im stationären Bereich, kann sie andererseits Kompetenzen an die Einzelakteure, sprich die Krankenkassen und ihre Arbeitsgemeinschaften sowie ihren Vertragspartnern auf der Leistungserbringerseite, abgeben.

Der Gesetzgeber muss also mit strukturellen Reformen eine spürbare Intensivierung des Vertragswettbewerbs herbeiführen, um der weiterhin ungebremsten Ausgabenentwicklung Einhalt zu gebieten. Es ist wichtig denn je, die Anreize für alle Akteure in allen Versorgungsbereichen so zu setzen, dass ein echter

Wettbewerb um Qualität und Wirtschaftlichkeit der einzelnen Versorgungsleistungen in Gang gesetzt wird. Leider enthält der Koalitionsvertrag von Union und FDP - mit Ausnahme der wettbewerbsfreundlichen, sich aber im Unverbindlichen verlierenden Diktion - kaum Anhaltspunkte dafür, dass dieser Weg nun auch bestritten werden soll.

Die Weiterentwicklung des Risikostrukturausgleichs

Dirk Göpffarth

1. Einführung

Im Koalitionsvertrag von CDU, CSU und FDP für die 17. Legislaturperiode steht, dass der morbiditätsorientierte Risikostrukturausgleich auf „das notwendige Maß reduziert, vereinfacht sowie unbürokratisch und unanfällig für Manipulationen gestaltet wird." Damit geht es ihm besser als dem Gesundheitsfonds, der im Koalitionsvertrag keine Erwähnung findet – auch wenn das Wort „Fonds" 21 mal vorkommt: als Gründerfonds, Milchfonds, Mikrofinanzfonds o.ä., aber eben nicht als Gesundheitsfonds.

Offensichtlich wird dem Risikostrukturausgleich in der 17. Legislaturperiode keine Ruhe vergönnt sein. Dabei wurde er in der letzten Legislaturperiode gerade der größten Umgestaltung seit seiner Einführung unterzogen. Warum existiert dieser ständige Reformbedarf beim Risikostrukturausgleich? Die im Gesundheitswesen übliche „Politik des schrittweisen Reformierens", bei der jede Reform bereits die Saat der nächsten Reform in sich trägt (Reiners 2009) kann dies alleine nicht erklären. Zum Zeitpunkt des Abschlusses des Koalitionsvertrages lagen gerade mal zehn Monate Erfahrung mit dem neuen Finanzausgleich vor. Es wurde noch kein Jahresausgleich durchgeführt, kein Berechnungsparameter und keine Zahlung endgültig festgelegt. Um im Bild zu bleiben: Die Saat der nächsten Reform kann noch nicht aufgegangen sein.

Es scheint also eher ein diffuses Unwohlsein mit dem Risikostrukturausgleich und der Stoßrichtung der letzten Reformen zu sein, das gegenwärtig den Reformbedarf antreibt. Auch wenn seine Notwendigkeit – anders als in den Anfangsjahren – nicht mehr grundsätzlich in Frage gestellt wird, so existiert anscheinend eine Einstellung, dass „weniger" Risikostrukturausgleich besser sei als „mehr" Risikostrukturausgleich. Versteht man den Risikostrukturausgleich hingegen als den staatlichen Ordnungsrahmen für einen solidarisch gebundenen Wettbewerb in der GKV (Cassel 2006, Jacobs 2007), stellt sich hingegen weniger die Frage nach dem Umfang des Ausgleichs, sondern vielmehr nach dessen Zielgenauigkeit.

Damit soll die Frage nach dem „notwendigen Maß" nicht abgetan werden. Wie jede staatliche Intervention muss auch der Risikostrukturausgleich den Kriterien der Eignung, Notwendigkeit und Verhältnismäßigkeit standhalten. Auch die Frage der Manipulationsanfälligkeit muss nach den ersten Erfahrungen kritisch diskutiert werden. Allerdings stellt die Frage nach dem „notwendigen Maß" auch die Frage nach dem Maßstab. Und dieser Maßstab kann sich nur aus den Zielen und Funktionen des Risikostrukturausgleichs ableiten.

Aus diesem Grund erfordert der Blick in die Zukunft, den die Bad Orber Gespräche mit dem Titel „Reformkonzepte nach der Wahl" vorgeben, zunächst einen Blick zurück: Welche Ziele hat der Gesetzgeber mit dem Risikostrukturausgleich verfolgt? Wie hat sich der alte Risikostrukturausgleich bewährt? Warum wurde er zum morbiditätsorientierten Risikostrukturausgleich weiterentwickelt? Welche Erfahrungen wurden damit in den ersten Monaten nach der Einführung gemacht? Erst auf dieser Basis sind zum Schluss des Beitrages einige vorsichtige Aussagen zum zukünftigen Reformbedarf möglich.

2. Erfahrungen mit dem Risikostrukturausgleich bis 2008

2.1 Notwendigkeit und Ziele des Risikostrukturausgleichs

Der Risikostrukturausgleich wurde im Jahr 1994 eingeführt, um die Einführung der Kassenwahlfreiheit im Jahr 2006 zu flankieren. Er sollte vor allem historisch bedingte Risikostrukturunterschiede zwischen den Krankenkassen ausgleichen, die sich aus dem alten Zuweisungssystem ergaben. Er war aber von Anfang an auf Dauer angelegt, denn er sollte dafür sorgen, dass der Kassenwettbewerb sich um die Qualität und Wirtschaftlichkeit der Versorgung dreht und darum, möglichst viele junge und gesunde Versicherte – im „Versicherungsdeutsch": die „guten Risiken" – anzulocken.

Die anfängliche Hoffnung einiger Beteiligte, der Kassenwettbewerb würde zu einer Angleichung der Risikostrukturen der Krankenkassen führen, hat sich nicht erfüllt. Es hat im Gegenteil eine weitere Risikoentmischung stattgefunden, wie sich auch an den stetig steigenden Transfersummen im Risikostrukturausgleich ablesen lässt. Dieser ist von 12,0 Mrd. Euro im Jahr 1995 auf 19,7 Mrd. Euro im Jahr 2008 angestiegen. Dieser Anstieg um 64 % bei einer gleichzeitigen Steigerung der Leistungsausgaben im Zeitraum von 33 % zeugt davon, dass der Risikostrukturausgleich bei sich dynamisch ändernden Risikostrukturen seine Aufgaben erfüllt (BVerfGE 113,167, 257).

Die Notwendigkeit des Risikostrukturausgleichs wird häufig an den Beitragssätzen abgelesen, die sich ohne ihn ergeben hätten. Ohne Risikostrukturausgleich hätte die Spanne der ausgabendeckenden Beitragssätze im Jahr 2008 bei 4,7 % bis 28 % gelegen, mit Risikostrukturausgleich verkürzt sich diese Spanne auf 11,7 % bis 16,8 %. Dabei ist es nicht Aufgabe des Risikostrukturausgleichs, einen Einheitsbeitrag durchzusetzen. Beitragssatzunterschiede sollen bestehen bleiben, aber nicht aus den Risikostrukturen resultieren, sondern aus der originären Wirtschaftlichkeit. In einer dynamischen Betrachtung sichert der Risikostrukturausgleich die Krankenkassen zudem vor Veränderungen in ihren Risikostrukturen. Ohne eine solche Absicherung kann es zu dem kommen, was Versicherungsökonomen die „Todesspirale" nennen: Beitragserhöhungen vertreiben die verbliebenen „guten Risiken", was zu weiteren Beitragserhöhungen führt. Insofern sichert der Risikostrukturausgleich die finanzielle Stabilität der GKV und die Vielfalt im Kassenwettbewerb und führt eben nicht in die Einheitskasse.

Die Notwendigkeit des Risikostrukturausgleichs resultiert aus den gesetzlichen Vorgaben zur Beitragsgestaltung. Das Verbot von risikoäquivalenten Prämien und die beitragsfreie Familienversicherung führen dazu, dass die Finanzmittel, die eine Krankenkasse zur Verfügung hat, nicht unbedingt ihrem Versorgungsbedarf entsprechen. Bei einkommensabhängigen Beiträgen kommt auch noch die Notwendigkeit eines Finanzkraftausgleichs hinzu. Anders ausgedrückt: Der Risikostrukturausgleich sorgt dafür, dass die nach sozialen Prinzipen eingezogenen Beiträge als risikoäquivalente Prämien bei den Krankenkassen ankommen.

2.2 Reformbedarf beim Risikostrukturausgleich

Fast so alt wie der Risikostrukturausgleich ist auch die Diskussion um seine Reform und Weiterentwicklung. Die Möglichkeiten bei der Einführung im Jahr 1994 waren stark durch die verfügbaren Daten geprägt – in den ersten Jahren war es schwer genug, die Zahl der Familienversicherten zuverlässig zu bestimmen. Inzwischen hat sich nicht nur die Datenlage bei den Krankenkassen erheblich verbessert, sondern auch die Möglichkeiten der elektronischen Datenverarbeitung. Damit stellte sich die Frage, ob durch die Heranziehung weiterer Daten die Zielgenauigkeit des Risikostrukturausgleichs verbessert werden kann.

Im Jahr 1999 hat der Deutsche Bundestag die Bundesregierung aufgefordert, in einer wissenschaftlichen Expertise die Funktionsfähigkeit des Risikostrukturausgleichs untersuchen zu lassen (BT-Drs. 14/2356). Das so entstandene Gutachten (Jacobs et al. 2002) stellte – ebenso wie die „Gegengutachten" der Bundesverbände der Ortskrankenkassen und Innungskrankenkassen (Lauterbach/Wille 2001) und der Betriebskrankenkassen (Breyer/Kifmann 2001) – fest, dass der Risikostrukturausgleich sich im Grundsatz bewährt habe, aber auch eine Reihe von funktionalen Defiziten aufweise.

Auf der Beitragsbedarfsseite – also den Beträgen, die für die Versorgung der Versicherten angesichts ihrer Risikostruktur notwendig sind – sei der Risikostrukturausgleich mit seinen indirekten Merkmalen Alter, Geschlecht und Bezug von Erwerbsminderungsrenten zu ungenau. Die Varianz der Ausgaben innerhalb einer Altersgruppe – zum Beispiel zwischen gesunden und chronisch Kranken 50jährigen Frauen – sei zu groß, um den Beitragsbedarf von Krankenkassen verlässlich zu ermitteln.

Aus dieser Ungenauigkeit resultieren zwei Probleme: Gesunde Versicherte erzeugen hohe Deckungsbeiträge und sind für die Krankenkassen interessant. Umgekehrt sind kranke – insbesondere chronisch kranke – Versicherte mit negativen Deckungsbeiträgen verbunden. Daraus resultiert ein Wettbewerbsmodell um Kassenwechsler, die bekanntlich überdurchschnittlich gesunde Versicherte sind (Lauterbach/Wille 2001, Andersen/Grabka 2006). Aber auch diese Krankenkassen waren vor Änderungen in ihren Risikostrukturen nicht gefeit, was zu einem instabilen Kassenwettbewerb geführt hat (Daubenbüchel/Pfohl 2003, Göpffarth 2005). Andererseits wird ein Wettbewerb um gute Versorgungsmodelle für die Krankenkasse unattraktiv, wenn die Personen, die hierdurch angeworben werden, die finanzielle Stabilität der Krankenkassen gefährden können. Die immer wieder beklagte fehlende Bereitschaft der Krankenkassen, sich in neuen Versorgungsformen zu engagieren, kann auch aus den hier entstandenen finanziellen Anreizen resultiert haben (Jacobs 2009).

Alle drei Gutachter waren im Grundsatz der Auffassung, dass die langfristig richtige Lösung dieses Problems die Einführung eines morbiditätsorientierten Risikostrukturausgleichs sei. Dies bedeutet, dass die Beitragsbedarfe der Krankenkassen nicht nur nach den indirekten Merkmalen Alter und Geschlecht erfasst werden sollen, sondern die Morbidität direkt aus den abgerechneten Diagnosen und Verordnungen ermittelt wird. Unterschiede zwischen den Gutachtern bestanden insbesondere hinsichtlich der kurzfristigen Lösungsmöglichkeiten bis zur Einführung der direkten Morbiditätsorientierung. Herausgekommen ist ein

Kompromiss mit der Einführung des Risikopools im Jahr 2002 und der Anbindung der strukturierten Behandlungsprogramme an den Risikostrukturausgleich im Jahr 2003.

Die Umsetzung erfolgte 2001 mit dem Gesetz zur Reform des Risikostrukturausgleichs in der GKV. Es wurde ein expliziter Zeitplan zur Einführung des morbiditätsorientierten Risikostrukturausgleichs im Jahr 2007 ins Gesetz aufgenommen. Maßgebliche Ziele des Gesetzgebers waren, „einen funktionsfähigen Wettbewerb zwischen den Krankenkassen zu ermöglichen, der zur Verbesserung der Qualität der Versorgung [...] und der Wirtschaftlichkeit führt" sowie zu erreichen, „dass eine Konzentration kranker, insbesondere chronisch kranker Versicherter bei einer bestimmten Krankenkasse für diese nicht zwangsläufig mit gravierenden Wettbewerbsnachteilen verbunden ist" (BT-Drs. 14/6432, S. 14). Das vorbereitende Gutachten wurde noch eingeholt (Reschke et al. 2005), die notwendige Rechtsverordnung erfolgte aber aufgrund veränderter Mehrheitsverhältnisse im Bundesrat nicht mehr. Die große Koalition verschob die Einführung ins Jahr 2009 und beschränkte den Morbiditätsausgleich auf 50 bis 80 schwerwiegende oder kostenintensive chronische Krankheiten.

2.3 Rechtliche Würdigung des Risikostrukturausgleichs

Die Einführung und Weiterentwicklung des Risikostrukturausgleiches war von Anfang an maßgeblich durch die Rechtsprechung geprägt. Bundessozialgericht und Bundesverfassungsgericht hatten sich mit der Verfassungsmäßigkeit unterschiedlicher Beitragssätze vor der Einführung von Kassenwahlfreiheit und Risikostrukturausgleich beschäftigt. Zwar sah das Bundesverfassungsgericht die Schwelle zur Verfassungswidrigkeit im Jahr 1994 noch nicht überschritten, hielt die erheblichen Unterschiede in den Beitragssätzen für „bedenklich" und vom Gesetzgeber abzustellen: „Letztlich blieb die Verfassungsbeschwerde nur wegen des dem Gesetzgeber zuzubilligenden Anpassungszeitraums ohne Erfolg" (BVerfGE 89, 365, 381). Damit wurde die kassenübergreifende Belastungsgleichheit als Maßstab vorgegeben und jede Abweichung als rechtfertigungsbedürftige Ungleichbehandlung qualifiziert. Zuvor hat das Bundessozialgericht bereits im Jahr 1985 eine Ausgleichsbedürftigkeit unterschiedlicher Beitragssätze anerkannt, wenn „der hohe Beitragssatz auf Ursachen zurückzuführen ist, zu deren Ausgleich die soziale KV gerade geschaffen worden ist. Das gilt namentlich für Unterschiede bei den Grundlöhnen (Ausgleich zwischen leistungsstarken und leistungsschwachen Versicherten), bei der Zahl der mitversicherten

Familienangehörigen (Familienlastenausgleich) und in der Risikostruktur (Ausgleich zwischen gesunden und kranken Personen bzw. je nach Alter, Geschlecht stärker krankheitsanfälligen)" (BSGE 58, 135, 146). Regionale Unterschiede seien hingegen nicht im gleichen Maße ausgleichbedürftig, während die Folgen unwirtschaftlichen Verhaltens geradezu „ausgleichfeindlich" seien.

Damit hat die Rechtsprechung der Einführung des Risikostrukturausgleichs den Weg bereitet und einen rechtspolitischen Druck auf den Gesetzgeber ausgeübt. Aber auch nach seiner Einführung waren die Gesetzgeber ein kritischer Wegbegleiter, insbesondere weil sie eine „Produktbeobachtungspflicht" des Gesetzgebers festschrieben: Der Gesetzgeber habe die Entwicklung bei den Krankenkassen zu beobachten und gegebenenfalls nachzubessern (BSGE 90, 232).

In seinem umfassenden Urteil zum Risikostrukturausgleich aus dem Jahre 2005 hat das Bundesverfassungsgericht den Risikostrukturausgleich alter Prägung nicht nur für verfassungskonform erachtet, sondern konstatiert, dass „der gegenwärtige Risikostrukturausgleich [...] wegen seiner mittelbaren Morbiditätsorientierung nur bedingt in der Lage [ist], den Solidarausgleich zwischen Gesunden und Kranken zu gewährleisten" (BVerfGE 113, 167, 263). Ob damit die Einführung des morbiditätsorientierten Risikostrukturausgleichs verfassungsrechtlich geboten ist, hat das Bundesverfassungsgericht nicht untersucht, da der Gesetzgeber mit dem Zeitplan zur Weiterentwicklung des Risikostrukturausgleichs bereits Abhilfe geschaffen hatte. Der Gesetzgeber verfolge damit „legitime Ziele, weil er den Solidarausgleich [...] verbessern und insbesondere Risikoselektion zulasten von – chronischen Kranken vermeiden will" (BVerfGE a.a.O.).

3. Erfahrungen mit dem neuen Risikostrukturausgleich

3.1 Der Risikostrukturausgleich im Gesundheitsfonds

In der öffentlichen Wahrnehmung sind der neue morbiditätsorientierte Risikostrukturausgleich und der Gesundheitsfonds „siamesische Zwillinge" der Gesundheitsreform 2006. Obwohl beide zeitgleich zum 1. Januar 2009 eingeführt wurden, haben beide Reformelemente eine unterschiedliche Vorgeschichte. Der Gesundheitsfonds war das Ergebnis der Diskussion zur Finanzierungsreform; sein Ziel ist es, die Finanzierung der GKV nachhaltiger auszugestalten. Die Reform des Risikostrukturausgleichs ist hingegen Ergebnis der oben dargestellten Diskussion über die Funktionaltät des Wettbewerbs in der GKV; Ziel ist es, Krankenkassen zu einem Wettbewerb um Qualität und Wirtschaftlichkeit in der Versorgung anzutreiben.

Dabei ist die Einführung des Gesundheitsfonds nicht ohne Auswirkungen auf den Risikostrukturausgleich geblieben. Im engeren Sinne bedeutet der Fonds nur eine Umstellung der Finanzströme (Pfohl 2007). Bislang konnten die Krankenkassen ihre Beitragseinnahmen als Einzugsstellen direkt vereinnahmen; der Risikostrukturausgleich, dem über 90 % der Einnahmen unterlagen, fand erst im Nachgang statt. Nun werden die Beitragseinnahmen täglich von den Krankenkassen direkt an den Gesundheitsfonds abgeführt. Der Risikostrukturausgleich kommt nun als Verteilungsschlüssel bei den Zuweisungen aus dem Gesundheitsfonds zum Tragen.

Dieser Übergang von einem „internen" zu einem „externen" Ausgleich (Wasem 2007) ist zunächst nur technischer Natur. Es kommt zu offensichtlichen Liquiditätsverschiebungen: Gab es bislang für jede Krankenkasse einen spezifischen Liquiditätsverlauf, z.b. bei einer Betriebskrankenkasse aufgrund von Besonderheiten des Trägerunternehmens, erhält nun jede Krankenkasse einen festen Anteil der Gesamteinnahmen des Gesundheitsfonds als Zuweisung. Damit gilt für alle Krankenkassen derselbe GKV-durchschnittliche Liquiditätsverlauf. Spezifische Liquiditätsvor- und -nachteile, im alten Risikostrukturausgleich eine Quelle ewiger Diskussionen zwischen Zahler- und Empfängerkassen, wurden beseitigt.

Darüber hinaus hat die Einführung des Gesundheitsfonds – neben dem technischen Aspekt der Zahlungsströme – drei konkrete Auswirkungen auf die Finanzlage der Krankenkassen. Alle drei Aspekte sind dabei nicht zwangsläufige Folge eines zentralen Gesundheitsfonds oder eines internen Finanzausgleichs, sondern Ergebnis konkreter Gestaltungsentscheidungen des Gesetzgebers. Zum Einen weist der Gesundheitsfonds den Krankenkassen Mittel in einer vorgegebenen Höhe in monatlich gleichen Tranchen zu. Auch wenn der Anteil einer einzelnen Krankenkasse von den Kriterien des Risikostrukturausgleichs abhängt, und somit variabel ist, bedeutet dies für die GKV insgesamt, dass ihre Einnahmenbasis unabhängig von saisonalen oder konjunkturellen Schwankungen ist.

Des Weiteren wurde mit dem Gesundheitsfonds eine Vervollständigung des Finanzkraftausgleichs beschlossen. Im alten Risikostrukturausgleich unterlagen nur die Beitragseinnahmen, die der Deckung der Pflichtleistungen der Krankenkassen galten, dem Finanzausgleich. Beitragseinnahmen für Verwaltungsausgaben und Satzungs- und Ermessensleistungen musste jede Krankenkassen aus ihrer eigenen Finanzkraft finanzieren. Damit waren offensichtliche Vorteile für Krankenkassen mit finanzkräftigen Mitgliedern verbunden: 0,6 Beitragssatzpunkte reichten aus, während Krankenkassen mit finanzschwachen Mitgliedern 1,3 Beitragssatzpunkte erheben mussten (Otto/Göpffarth 2008).

Die dritte Änderung besteht in einer Änderung der Verteilungskriterien. Neben die Kriterien des alten Risikostrukturausgleichs – Alter und Geschlecht der Versicherten, Bezug einer Erwerbsminderungsrente – treten nun direkte Morbiditätskriterien: Für insgesamt 80 schwerwiegende bzw. chronische Erkrankungen werden Versicherte aufgrund ihrer Diagnosen und Verordnungen aus dem Vorjahr Morbiditätsgruppen zugeordnet, für die die Krankenkassen zusätzlich zu den Basiszuweisungen nach Alter und Geschlecht Morbiditätszuschläge erhalten (Göpffarth 2009).

Diese Auswirkungen des Gesundheitsfonds „im engeren Sinne" werden ergänzt durch den Gesundheitsfonds „im weiteren Sinne": Die Konstruktion des einheitlichen Beitragssatzes, ergänzt durch kassenindividuelle Zusatzbeiträge und Prämien. In der Theorie lässt sich das System einer Preisdifferenzierung durch Beitragssätze durch eine entsprechende Differenzierung mit Zusatzbeiträge ersetzen. In der Praxis hat dies offensichtlich nicht funktioniert, was auch an der wettbewerbsverzerrenden Ausgestaltung der Zusatzbeiträge liegt (Schawo 2007, Fiedler 2006, Rürup 2006).

3.2 Erste Erfahrungen mit dem neuen Risikostrukturausgleich

Die Zuweisungen aus dem Gesundheitsfonds erfolgen seit dem 1. Januar 2009 nach den Kriterien des morbiditätsorientierten Risikostrukturausgleichs. Dabei bleibt es – wie im bisherigen Verfahren – bei einer Zweistufigkeit mit unterjährigen monatlichen Abschlagszahlungen auf Basis von Schätzwerten und einer Korrektur dieser Abschlagszahlungen im Jahresausgleich, der im Herbst des Folgejahres nach Vorlage der Rechnungs- und Geschäftsergebnisse der Krankenkassen durchgeführt wird.

Das erste Zuweisungsjahr ist zwar im monatlichen Abschlagsverfahren abgeschlossen, aber es wurde noch kein Jahresausgleich durchgeführt. Die wesentlichen Berechnungswerte wurden somit noch nicht abschließend festgestellt. Um trotzdem an dieser Stelle bereits einige Aussagen zu den Auswirkungen des morbiditätsorientierten Risikostrukturausgleich treffen zu können, wurde ein Kunstgriff vorgenommen: Die vorgelegten Daten und Berechnungen beziehen sich auf das Jahr 2008, für das alle notwendigen Daten vorliegen. Es ist somit ein kontrafaktisches Szenario, also: Was wäre passiert, wenn bereits 2008 die Verfahrensumstellung erfolgt wäre. Dieses Vorgehen erlaubt auch den unmittelbaren Vergleich zu den Ergebnissen des tatsächlichen Jahresausgleichs 2008 im Altverfahren.

Ein erstes Augenmerk liegt auf den finanziellen Auswirkungen für die Krankenkassen. Hier erstaunt, dass die Umverteilung gar nicht so groß ist. Während das AOK-System im Altverfahren 38,4 % aller Beitragsbedarfe erhielt, liegt der Anteil nun bei 38,8 %. Diese Verschiebung entspricht gut 600 Millionen Euro. Alle anderen Kassenarten haben finanzielle Einbußen zu verzeichnen. Auch das Transfervolumen wäre mit 20,3 Milliarden Euro knapp 600 Millionen Euro höher als im Altverfahren. Für eine Bewertung ist entscheidend, ob diese Verschiebungen angemessen sind. Eine wichtige Maßzahl hierfür sind die Deckungsquoten (predictive ratios), d.h. das Verhältnis der Zuweisungen zu den tatsächlichen Ausgaben. Eine Quote von 100 % bedeutet eine Punktlandung, Quoten über 100 % eine Überdeckung und unter 100 % eine Unterdeckung.

Die Deckungsquoten für die Kassenarten und einige Kassentypen sind in Abbildung 1 dargestellt. Bei den Ortskrankenkassen erhöht sich die Deckungsquote, so dass hier nunmehr eine leichte Überdeckung zu verzeichnen ist, während bei allen anderen Kassenarten – einschließlich der Knappschaft – die Deckungsquote fällt. Bei den Betriebs- und Innungskrankenkassen sowie der Knappschaft bedeutet dies eine Annäherung an die 100%-Linie, während das für die Ersatzkassen eine zunehmende Unterdeckung bedeutet. Allerdings stößt diese kassenartbezogene Betrachtung auf Grenzen, da die Kassenarten zunehmend inhomogener werden. Von daher wird – in grober Anlehnung an die Methodik von Jacobs et al. 2002 – eine Betrachtung auf Ebene von Kassentypen angestellt.

Abb. 1: Deckungsquoten von Zuweisungen und Ausgaben für Kassenarten und ausgewählte Kassentypen

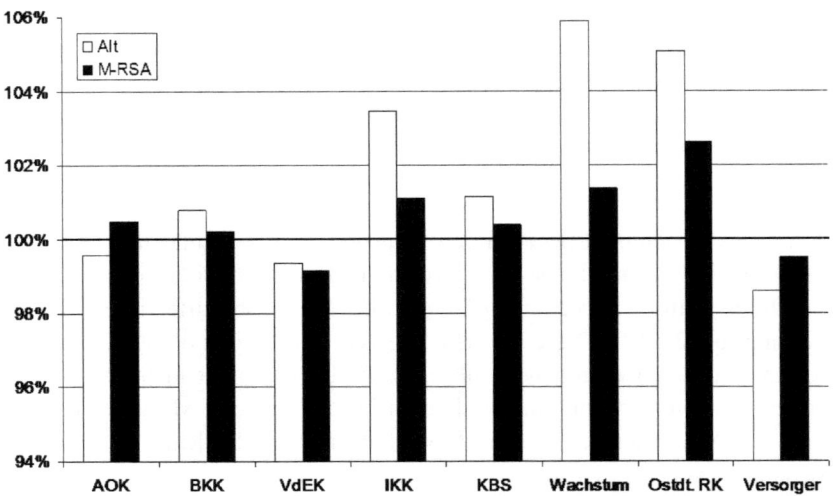

Die Gruppe der „Wachstumskassen" – genauer müsste es ehemalige Wachstumskassen heißen –, also den Krankenkassen, die durch günstige Beitragssätze und virtuelle Strukturen in der Vergangenheit die Mehrzahl der Kassenwechsler anlocken konnten, verzeichnete im alten Risikostrukturausgleich erhebliche Überdeckungen. Die Überdeckungen bleiben im Prinzip bestehen, werden aber erheblich reduziert. Auch die ostdeutschen Regionalkassen, also die dort tätigen Ortskrankenkassen, aber auch regionale Betriebs- und Innungskrankenkassen, haben im alten Risikostrukturausgleich aufgrund der bundeseinheitlichen Ermittlung der Beitragsbedarfe bei niedrigerem Vergütungsniveau erhebliche Überdeckungen erzielt. Auch hier zeigte die Entwicklung in die richtige Richtung. Schließlich sieht man auch bei den „Versorgerkassen", dass hier die Weiterentwicklung des Risikostrukturausgleichs den Wettbewerbsnachteil reduzieren konnte, dass aber auch in den neuen Rahmenbedingungen hier Unterdeckungen verbleiben.

Im Lichte der Betrachtung der Kassentypen muss die Kassenartenbetrachtung relativiert werden. Hinter der knappen Unterdeckung bei den Ortskrankenkassen im Altverfahren stehen hohe Überdeckungen insbesondere der ostdeutschen

Kassen und höhere Unterdeckungen im Westen. Zu einer Überkompensation kommt es nur, da die Unterdeckungen stärker reduziert werden als die Überdeckungen. Auch bei den Ersatzkassen ist das Ergebnis Resultat der Saldierung von unterschiedlichen Entwicklungen bei den einzelnen Ersatzkassen.

Im Ergebnis ergibt sich das Bild eines Risikostrukturausgleichs, dessen Weiterentwicklung in die richtige Richtung weist, aber bei weitem nicht in der Lage ist bestehende Verwerfungen vollständig auszugleichen oder schon gar nicht zu Überkompensationen führt. Die unvollständige Einführung des morbiditätsorientierten Risikostrukturausgleichs war aber politisch gewollt und mit der Beschränkung auf höchstens 80 Krankheiten gesetzlich vorgesehen.

Deckungsquoten lassen sich nicht nur für Krankenkassen ermitteln, sondern auch für Krankheiten. Hier wird für die Gruppe der Betroffenen einer Krankheit unabhängig von der Kassenzugehörigkeit das Verhältnis von Zuweisungen zu Ausgaben gebildet. Diese Quote ist in Tabelle 1 für ausgewählte Krankheiten dargestellt. Hier zeigt sich, dass der morbiditätsorientierte Risikostrukturausgleich bezogen auf die ausgewählten Krankheiten Deckungsquoten von 92 % bis knapp über 100 % erreicht. Im Altverfahren wurde für die Betroffenen einiger Krankheiten – wie zum Beispiel Mukoviszidose oder dialysepflichtiges Nierenversagen – nicht einmal ein Zehntel der Ausgaben abgedeckt. Selbst bei Krankheiten mit klarem Altersverlauf wie Altersdiabetes oder Demenz erreichte das Altverfahren eine Deckung von lediglich knapp zwei Drittel. Auch der morbiditätsorientierte Risikostrukturausgleich bleibt hier unter seinen Möglichkeiten. Dies sieht man an den verhältnismäßig niedrigen Deckungsquoten für Krankheiten mit hoher – alters- oder krankheitsbedingter – Mortalität (Schmidt/Göpffarth 2009).

Die in Tabelle 1 aufgeführten Krankheiten sind allesamt Krankheiten, die im neuen Risikostrukturausgleich berücksichtigt werden. Für andere Krankheiten sieht es anders aus. Statt der schlechten Berücksichtigung im alten Risikostrukturausgleich folgt nun im neuen Verfahren eine noch schlechtere Berücksichtigung, weil es für Versicherte mit Krankheiten, die nicht berücksichtigt werden, nur noch die reduzierten Zuweisungen für „Gesunde" gibt.

Tabelle 1: Deckungsquoten (predictive ratios) für ausgewählte Krankheiten

	Predictive Ratios	
	Morbi-RSA	Alt-RSA
HIV/AIDS	101,4%	19,7%
Hämatologische Neubildungen	94,9%	30,8%
Solide Neubildungen	93,9%	50,7%
Diabetes mellitus Typ 2	97,7%	66,0%
Diabetes mellitus Typ 1	98,1%	38,1%
Metabolische Erkrankungen	97,0%	36,3%
Hämophilie	95,6%	41,4%
Demenz	92,2%	62,0%
Psychische Erkrankungen	99,3%	64,6%
Multiple Sklerose	101,0%	31,8%
Epilepsie	97,5%	47,7%
Akuter Myokardinfarkt	92,0%	41,4%
Hypertonie	99,8%	90,5%
Mukoviszidose	101,4%	9,4%
Asthma COPD	97,4%	62,4%
Dialysestatus	93,9%	8,5%
Schwangerschaft	102,5%	61,3%
Transplantationen	98,1%	21,6%

4. Ausblick: Die „Weiterentwicklung" der Weiterentwicklung

4.1 Umfang versus Zielgenauigkeit des Risikostrukturausgleich

Auch die neue Bundesregierung hat sich eine „Weiterentwicklung" des Ausgleichsverfahrens vorgenommen. Nach dem Ausbau in Richtig höherer Zielgenauigkeit geht es nun darum, das Verfahren auf das notwendige Maß zu reduzieren. Ein solches „notwendiges Maß" wird sich wissenschaftlich kaum ableiten lassen. Zwar wird argumentiert, dass Ungenauigkeiten im Risikostrukturausgleich kompensierend wirken können gegenüber anderen Wettbewerbsnachteilen, die gewisse Krankenkassen aufgrund anderer Faktoren wie z.b. Marktanteile und regionale Verdichtung erleiden (Wille et al.2007). Doch auch hier sollte die Konsequenz nicht der Rückbau des Risikostrukturausgleichs, sondern der Ausbau der wettbewerblichen Handlungsparameter der Krankenkassen sein, wie auch im Koalitionsvertrag vorgesehen.

Die letzte Reform des Risikostrukturausgleichs hatte die klare Zielsetzung, die Zielgenauigkeit der Zuweisungen zu erhöhen, um den Solidarausgleich zu verbessern und Risikoselektion zulasten von – chronisch – Kranken zu vermeiden. Damit sollte den Krankenkassen der Anreiz gegeben werden, sich in der Versorgung chronisch Kranker zu engagieren und gleichzeitig ein instabiles Wettbewerbsmodell, das nur auf die Anziehung guter Risiken basiert, zu unterbinden. Gleichzeitig sollen die Wirtschaftlichkeitsanreize der Krankenkassen gewahrt bleiben, indem nur standardisierte und nicht tatsächliche Ausgaben ausgeglichen werden. Diese Zielsetzung wurde vom Bundesverfassungsgericht als Ausdruck des Sozialstaatsprinzips in der Sozialversicherung ausdrücklich gebilligt. Selbstverständlich gehört es zur vom Bundessozialgericht und Bundesverfassungsgericht konstatierten „Produktbeobachtungspflicht" des Gesetzgebers, die weitere Entwicklung im Auge zu behalten: Werden die Ziele erreicht? Gibt es Fehlentwicklungen? Können die Ziele mit geringeren Eingriffen erreicht werden?

Diese kritische Evaluation sollte Kern der nächsten Reformschritte sein. Sie setzt aber eine umfassende Wirkungsanalyse der letzten Reform voraus, die nur auf verlässlichen und endgültigen Daten aufbauen kann, die gegenwärtig noch nicht vorliegen. Die hier präsentierten ersten Ergebnisse deuten darauf hin, dass die Reform seine Ziele – mit den Abstrichen einer vom Gesetzgeber gewollten partiellen Umsetzung – erreicht. Die ungerechtfertigten Wettbewerbsvorteile der sogenannten „virtuellen" Krankenkassen wurden ebenso beschnitten wir die ungerechtfertigten Nachteile der sogenannten „Versorgerkassen". Aber auch regionale und kassenspezifische Besonderheiten – wie die Überdeckungen bei ostdeutschen Regionalkassen und der Knappschaft wurden reduziert. Dabei war die Wirkung immer eine Reduzierung der Effekte, nie eine vollständige Nivellierung oder Umkehrung der Verhältnisse.

Die Einführung des morbiditätsorientierten Risikostrukturausgleichs zeigt auch, dass ein besserer Risikostrukturausgleich nicht unbedingt mehr Risikostrukturausgleich bedeutet. Die Umverteilungseffekte sind – wie in Abschnitt 3.2 gezeigt – eher moderat; viel geringer als von den Beteiligten erhofft bzw. befürchtet. Gleichwohl verbirgt sich hierunter eine höhere Zielgenauigkeit bezogen auf Patientengruppen, die zu ganz anderen Versorgungsanreizen bei den Krankenkassen führen sollte.

All diese Effekte sind mit der Einschränkung versehen, dass die endgültigen Ergebnisse aus dem ersten Jahr mit dem neuen Verfahren noch nicht vorliegen. Es ist dann kritisch zu untersuchen, ob sich diese Tendenzen bewahrheiten. Auch ist zu fragen, ob die veränderte Anreizlage bei Krankenkassen tatsächlich zu einem verbesserten Engagement in der Versorgung chronisch Kranker führt.

Es bleibt zu hoffen, dass die Geduld besteht, diese Ergebnisse und Evaluationen abzuwarten, und nicht voreilig in das Verfahren eingegriffen wird, zum Beispiel durch eine weitere Reduzierung der Zahl der Krankheiten. Die Reduzierung des Ausgleichs auf ausgewählte Krankheiten ist an und für sich problematisch. Sie beschränkt die Anreize für Krankenkassen im Versorgungsmanagement auf die ausgewählten Krankheiten und verschärft die Schieflage für die nicht ausgewählten Krankheiten, da es für diese nur die reduzierten Basiszuweisungen für Gesunde gibt. Auch steht die Beschränkung im Widerspruch mit dem Ziel, den Risikostrukturausgleich möglichst manipulationsfrei zu machen. Erst die Reduzierung auf Krankheiten macht es möglich, dass die Krankenkassen mit Listen an die Leistungserbringer herantreten, auf denen die Diagnosen stehen, „auf die es ankommt". Reduziert man die Krankheitsauswahl, so kommt es auf die verbliebenen Diagnosen um so mehr an. Schließlich führt die krankheitsbeschränkte Risikostrukturausgleich zu problematischen statistischen Effekten. Die nicht berücksichtigten Krankheiten sind über Ko-Morbiditäten mit den berücksichtigten verbunden. Dies kann dazu führen, dass die Kosten der nicht berücksichtigten Krankheiten statistisch in die Kosten der berücksichtigten fließen und so die Morbiditätszuschläge verzerren. Reduziert man die Zahl der Krankheiten weiter, so nehmen diese Verzerrungen zu.

4.2 Manipulationssicherheit des Risikostrukturausgleichs

Leider hat es mit Einführung des morbiditätsorientierten Risikostrukturausgleichs einige Versuche von Krankenkassen gegeben, auf die Diagnosestellung durch die Leistungserbringer zu ihren Gunsten Einfluss zu nehmen. Die rechtliche Bewertung ist an dieser Stelle eindeutig: Jeder Versuch der Einflussnahme ist unzulässig (Göpffarth/Sichert 2009). Dies hält die Krankenkassen anscheinend nicht von solchen Aktivitäten ab, auch wenn es in den letzten Monaten etwas ruhiger geworden ist.

Die Befürchtung, dass „wir alle auf dem Papier kränker gemacht werden", verkennt den Unterschied zwischen tatsächlicher und dokumentierter Morbidität. Bislang ist insbesondere im ambulanten Bereich eher von einer Unterkodierung (Erler et al. 2009) und mangelnden Spezifität (InBA 2009) auszugehen. Ein zukünftiger Anstieg der dokumentierten Morbidität kann daher auch durch eine vollständigere Erfassung der vorhandenen Morbidität gekennzeichnet sein. Eine ähnliche Entwicklung war auch nach Einführung des DRG-Systems im Krankenhaus zu beobachten. Die entscheidende Frage ist also nicht, ob sich das Kodierverhalten ändert, sondern ob geeignete Rahmenbedingungen existieren, um sicherzustellen, dass vollständig und richtig kodiert wird. Auch bei einem Umstieg auf ein anderes Modell, zum Beispiel einem Pharmagrouper, müssten entsprechende Rahmenbedingungen erst geschaffen werden.

Zentrales Element dieser Rahmenbedingungen sind die Kodierrichtlinien. Hier ist es durchaus als problematisch zu bewerten, dass bei der Einführung des morbiditätsorientierten Risikostrukturausgleichs keine Kodierrichtlinie existierte. Bei vielen von den Krankenkassen bemängelten „Fehlkodierungen" handelt es sich um ärztliche Beurteilungsfragen, die erst mit einer verbindlichen Kodierrichtlinie eindeutig beantwortet werden können. Wenn die Kodierrichtlinie am 1. Juli 2010 in Kraft tritt, wird es um eine möglichst schnelle Implementierung in der Praxisverwaltungssoftware der Ärzte ankommen, um eine unbürokratische und vollständige Umsetzung zu erreichen.

Das zweite Element der notwendigen Rahmenbedingungen wurde vom Gesetzgeber noch in der letzten Legislaturperiode verschärft: Die Sanktionsmöglichkeiten. Mit dem neu geschaffenen § 273 SGB V hat das Bundesversicherungsamt nun abgestufte Möglichkeiten, die Diagnosemeldungen zu prüfen und ggf. finanziellen Sanktionen zu verhängen. In der neuen Legislaturperiode sind dann auch die regulären Prüfungen durch die Prüfdienste zu regeln.

Das dritte und letzte Element der Rahmenbedingungen sind die Möglichkeiten der Krankenkassen, falsche oder unplausible Diagnosen durch die Vertragsärzte überprüfen zu lassen. Diese Möglichkeit gibt es schon heute über die Kassenärztlichen Vereinigungen, die für die sachliche und rechnerische Richtigkeit der vertragsärztlichen Abrechnungen – und damit auch der Abrechnungsdiagnosen – verantwortlich sind. Auf der Agenda dieser Legislaturperiode gehört es, die Verbindlichkeit dieser Prüfungen zu erhöhen, z.B. durch bundesweit einheitliche Prüfkriterien. Auch ist das Verfahren, wie Krankenkassen diese Prüfungen beantragen können, auszubauen und zu vereinheitlichen. Schließlich bedarf auch die Frage der Abrechnungsprüfung im Bereich der selektivvertraglichen Versorgung noch einer Regelung.

Literatur

Andersen, Hanfried H.; Grabka, Markus M. (2006), Kassenwechsel in der GKV 1997-2004, in: Göpffarth, Dirk; Greß, Stefan; Jacobs, Klaus; Wasem, Jürgen (Hg.), Jahrbuch Risikostrukturausgleich 2006 – 10 Jahre Kassenwahlfreiheit, Sankt Augustin, S. 145-189.

Breyer, Friedrich; Kifmann, Mathias (2001), Optionen der Weiterentwicklung des Risikostrukturausgleichs in der GKV, Deutsches Institut für Wirtschaftsforschung Diskussionspapier 236, Berlin.

Cassel, Dieter (2006), Risikostrukturausgleich und solidarische Wettbewerbsordnung: Zur Irenik von Solidarität und Wettbewerb in der GKV, in: Göpffarth, Dirk; Greß, Stefan; Jacobs, Klaus; Wasem, Jürgen (Hg.), Jahrbuch Risikostrukturausgleich 2006 – 10 Jahre Kassenwahlfreiheit, Sankt Augustin, S. 55-93.

Daubenbüchel. Rainer; Pfohl, Andreas (2003), Beitragssatzgestaltung der Krankenkassen, *Forum Gesundheitspolitik*, 9. Jg., Heft 10, S. 334-338.

Erler, A.; Beyer, M.; Muth, C.; Gerlach, F.M.; Brennecke, R. (2009), Garbage in – Garbage out? Validität von Abrechnungsdiagnosen in hausärztlichen Praxen, *Gesundheitswesen*, 71. Jg., S. 823-831.

Fiedler, Eckart (2006), Stellungnahme zu Fragen der Auswirkungen der Überforderungsregelung, abrufbar unter: http://www.aokbv.de/imperia/md/aokbv/politik/reformaktuell/zusatzbeitrag_fiedler_021006.pdf (Abruf am 31.1.2010).

Göpffarth, Dirk (2005), Reforming Germany's risk structure equalization scheme – Taking stock at the halfway point, *Journal of Public Health*, 13. Jg., Heft 5, S. 248-256.

Göpffarth, Dirk (2009), Der neue Risikostrukturausgleich im Gesundheitsfonds, *Soziale Sicherheit*, 58. Jg., Heft 1, S. 12-17.

Göpffarth, Dirk; Sichert, Markus (2009), Morbi-RSA und Einflussnahmen auf ärztliches Kodierverhalten, *Die Krankenversicherung*, 61. Jg., Heft 8, S. 186-191.

Institut des Bewertungsausschusses (2009), Bericht zur Schätzung der Morbiditätsveränderung 2008/2009 und zur Repräsentativität und Plausibilität der Datengrundlage des Bewertungsausschusses, abrufbar unter: http://www.gkv-spitzenverband.de/Klassifikationsverfahren.gkvnet (Abruf am 31.1.2010).

Jacobs, Klaus (2007), Der morbiditätsorientierte Risikostrukturausgleich: notwendige Funktionsbedingung für sinnvollen Wettbewerb in der GKV, *Gesundheit und Gesellschaft Wissenschaft*, 7. Jg., Heft 3, S. 7-14.

Jacobs, Klaus (2009), Der Morbiditätsbezug des RSA als Voraussetzung für versorgungsorientierten Kassenwettbewerb, in: Göpffarth, Dirk; Greß, Stefan; Jacobs, Klaus; Wasem, Jürgen (Hg.), Jahrbuch Risikostrukturausgleich 2008 – Morbi-RSA, Sankt Augustin, S. 133-152.

Jacobs, Klaus; Reschke, Peter; Cassel, Dieter; Wasem, Jürgen (2002), Zur Wirkung des Risikostrukturausgleichs in der gesetzlichen Krankenversicherung, Baden-Baden.

Lauterbach, Karl W.; Wille, Eberhard (2001), Modell eines fairen Wettbewerbs durch den Risikostrukturausgleich, abrufbar unter: http://www.medizin.uni-koeln.de/kai/igmg/endgutachten_rsa.pdf (Abruf am 31.1.2010).

Otto, Frank; Göpffarth, Dirk (2008), RSA-Jahresausgleich 2006 – Daten und Fakten, in: Göpffarth, Dirk; Greß, Stefan; Jacobs, Klaus; Wasem, Jürgen (Hg.), Jahrbuch Risikostrukturausgleich 2008 – Morbi-RSA, Sankt Augustin, S. 303-350.

Pfohl, Andreas (2007), Die Neuregelung der Finanzströme durch den Gesundheitsfonds, in: Göpffarth, Dirk; Greß, Stefan; Jacobs, Klaus; Wasem, Jürgen (Hg.), Jahrbuch Risikostrukturausgleich 2007 – Gesundheitsfonds, Sankt Augustin, S. 195-214.

Reimers, Hartmut (2009), Gesundheitspolitik als Implantierung von „Reformviren", *Gesundheit und Gesellschaft Wissenschaft*, 9. Jg., Heft 3, S. 7-12.

Reschke, Peter; Sehlen, Stephanie; Schiffhorst, Guido; Schräder, Wilhelm F.; Lauterbach, Karl W.; Wasem, Jürgen (2005), Klassifikationsmodelle für Versicherte im Risikostrukturausgleich, Bundesministerium für Gesundheit und Soziale Sicherheit, Forschungsbericht 334, Bonn.

Rürup, Bert (2006), Antworten auf die Fragen über die Auswirkungen der Überforderungsregelung, abrufbar unter: http://www.aokbv.de/imperia/md/aokbv/politik/reformaktuell/zusatzbeitrag_ruerup_021006.pdf (Abruf am 31.1.2010)

Schawo, Dorothee (2007), Gesundheitsfonds und Einkommensausgleich zwischen den Krankenkassen, in: Göpffarth, Dirk; Greß, Stefan; Jacobs, Klaus; Wasem, Jürgen (Hg.), Jahrbuch Risikostrukturausgleich 2007 – Gesundheitsfonds, Sankt Augustin, S. 97-114.

Schmidt, Dorothee; Göpffarth, Dirk (2009), Die Berücksichtigung von Verstorbenen im morbiditätsorientierten Risikostrukturausgleich, in: Repschläger, Uwe (Hg.), BARMER Gesundheitswesen aktuell 2009, Wuppertal, S. 32-47.

Wasem, Jürgen (2007), Die Weiterentwicklung des Risikostrukturausgleichs ab dem Jahr 2009, *Gesundheit und Gesellschaft Wissenschaft*, 7. Jg., Heft 3, S. 15-22

Wille, Eberhard; Ulrich, Volker; Schneider, Udo (2007), Die Weiterentwicklung des Krankenversicherungsmarktes: Wettbewerb und Risikostrukturausgleich, in: Wille, Eberhard; Ulrich, Volker; Schneider, Udo (Hg.), Wettbewerb und Risikostrukturausgleich im internationalen Vergleich, Baden-Baden, S. 15-67.

Optionen zur „Überwindung" der Marktabgrenzung zwischen GKV und PKV

Jürgen Wasem und Anke Walendzik[1]

Zusammenfassung

Der vorliegende Beitrag befasst sich mit der Fragestellung, welche Optionen zur „Überwindung" der Marktabgrenzung zwischen GKV und PKV vorhanden sind. Zunächst wird die aktuelle Situation in Deutschland in Bezug auf die Marktabgrenzung dargestellt, da steigende Beitragssätze in der GKV und die demographische Entwicklung Diskussionen bezüglich des Finanzierungssystems der GKV und bezüglich der Schnittstellen zur PKV hervorrufen. Es werden verschiedene Beurteilungskriterien in Bezug auf die Überprüfung von Reformvorschlägen zur Aufhebung der Marktabgrenzung (GKV-PKV) aufgezeigt und diskutiert. Schließlich werden verschiedene, bereits entwickelte Modelle untersucht, die zeigen, wie das PKV-GKV-System in Deutschland verändert werden könnte und welche Folgen hinsichtlich der Beurteilungskriterien die Modelle für Deutschland hervorrufen. Zuletzt werden die Möglichkeiten zur „Überwindung" der Marktabgrenzung zwischen GKV und PKV auf die Festlegungen im Koalitionsvertrag der aktuellen Regierungskoalition betrachtet.

Summary

This paper deals with options to draw a new borderline between social health insurance and private health insurance in Germany. Starting with a description of the present borderline between both systems and an analysis of its effects, we develop a set of criteria which we apply to potential new models. We finally discuss the agreement of the new government coalition with regard to the borderline between private and social health insurance.

---

[1] Die Verfasser danken Susanne Staudt für erste Vorschläge für das Manuskript und die finale Durchsicht auf sprachliche Mängel.

Einleitung

Vor dem Hintergrund der steigenden Beitragssätze in der gesetzlichen Krankenversicherung (GKV) – mit der Perspektive, dass sich diese Tendenz angesichts der demographischen Entwicklung[2] weiter beschleunigen könnte – und auch einer gestiegenen Sensibilität in der Gesellschaft für nach Versicherungsstatus differenzierte Zugänge und Versorgungspattern ist in dieser Dekade eine intensive Debatte über das Finanzierungssystem der GKV und die Schnittstelle zur privaten Krankenversicherung (PKV) geführt worden. Diese wurde noch dadurch befeuert, dass die politischen Parteien sich hier jeweils eindeutig und in Abgrenzung voneinander positioniert haben.

In diesem Kontext fragt der Veranstalter mit dem uns gestellten Thema nach Optionen zur „Überwindung" der Marktabgrenzung zwischen GKV und PKV. Wir wollen zur Beantwortung zunächst (in Abschnitt 1) den Status Quo der Marktabgrenzung beschreiben. Anschließend werden wir uns (in Abschnitt 2) mit Beurteilungskriterien für eine geänderte Marktabgrenzung befassen. In Abschnitt 3 werden wir die in der Diskussion befindlichen Modelle jeweils knapp beschreiben und hinsichtlich der Beurteilungskriterien untersuchen. In Abschnitt 4 schließlich wollen wir die Festlegungen im Koalitionsvertrag der aktuellen Regierungskoalition mit Blick auf das gestellte Thema betrachten.

1. Status Quo

In den meisten westlichen Industriestaaten (mit Ausnahme der USA) existiert entweder ein steuerfinanziertes Gesundheitssystem, das Leistungsansprüche für alle Einwohner vorsieht (Beispiele: Großbritannien, Schweden), oder aber es gibt eine die gesamte Bevölkerung umfassende Krankenversicherungspflicht (Beispiele: Österreich, Frankreich). Auch in Deutschland besteht seit Jahresbeginn 2009 eine solche die gesamte Bevölkerung umfassende Krankenversicherungspflicht. Diese wird in zwei getrennten Versicherungssystemen wahrgenommen. Denn nach § 193 Abs. 3 Satz 1 des Versicherungsvertragsgesetzes (VVG) gilt zwar zunächst, dass jede Person mit Wohnsitz im Inland zum Abschluss einer privaten Krankheitskostenvollversicherung verpflichtet ist (für die

---

[2] Auch wenn das Ausmaß der Wirkungen der Demographie auf Gesundheitsausgaben umstritten ist; vgl. statt vieler Enquete-Kommission des Deutschen Bundestages "Demographischer Wandel- Herausforderung unserer älter werdenden Gesellschaft an den Einzelnen und die Politik" (2002).

im Weiteren dann bestimmte Mindestanforderungen definiert werden). § 193 Abs. 3 Satz 2 VVG nimmt dann aber insbesondere Personen, die in der GKV versichert oder versicherungspflichtig sind, von dieser Pflicht zum Abschluss einer privaten Krankheitskostenvollversicherung aus.

Faktisch sind etwas unter 90 % der deutschen Bevölkerung in der GKV versichert. Denn der Gesetzgeber hat – einschließlich der damit verbundenen beitragsfreien Familienversicherung – rd. 76 % der Bevölkerung in die Versicherungspflicht in der GKV einbezogen und weitere rd. 10 % (wiederum einschließlich familienversicherter Angehöriger) haben von der Möglichkeit Gebrauch gemacht, sich nach Auslaufen einer Versicherungspflicht freiwillig in der GKV zu versichern. Demgegenüber sind gut 10 Prozent der Bevölkerung in der PKV versichert (wenn man die Beamten und deren Familienangehörige einbezieht, die dort nur eine Quotenversicherung haben und im Übrigen Beihilfeansprüche gegenüber dem Dienstherrn geltend machen).[3]

Der Wechsel von der GKV zur PKV ist Personen möglich, die nicht mehr in der GKV versicherungspflichtig sind; dies betrifft im Wesentlichen Arbeitnehmer mit Einkommen oberhalb der Versicherungspflichtgrenze, Personen, die verbeamtet wurden, sowie Personen, die eine selbständige Tätigkeit aufgenommen haben. Der Wechsel muss nicht zu einem bestimmten Zeitpunkt nach Ende der Versicherungspflicht ausgeübt werden. Der Wechsel in die umgekehrte Richtung, also die Rückkehr in die GKV, ist nur unter sehr eingeschränkten Bedingungen möglich.

Durch die Wahlmöglichkeit für den oben beschriebenen Personenkreis zwischen einer Fortsetzung ihrer freiwilligen Versicherung in der GKV und dem Wechsel in die PKV besteht ein Systemwettbewerb zwischen den beiden Versicherungssystemen im Bereich der Vollversicherung – auch wenn dies zurzeit nur einen kleinen Teil der Bevölkerung betrifft. An den Rahmenbedingungen dieses Systemwettbewerbs hat die Politik immer wieder Veränderungen vorgenommen: Tendenziell haben dabei sozialdemokratisch geführte Bundesregierungen den Kreis der GKV-Pflicht-versicherten weiter ausgeweitet,[4] in CDU-

---

[3] Zahl der GKV-Versicherten nach BMG-Statistik KM6, Zahl der PKV-Versicherten nach PKV-Zahlenbericht, Einwohner nach Statistischem Bundesamt.
[4] So wurden während der sozial-liberalen Koalition Landwirte, Künstler und Studenten in die Versicherungspflicht einbezogen. Während der rot-grünen Regierungskoalition wurde 2002 die Versicherungspflichtgrenze überproportional angehoben.

geführten Bundesregierungen wurden eher Veränderungen in die andere Richtung vorgenommen.[5] Die große Koalition hat – intern sehr kontrovers diskutiert – die Voraussetzungen für das Ende der Versicherungspflicht von Arbeitnehmern bei Überschreiten der Versicherungspflichtgrenze erschwert – eine Regelung, die die schwarz-gelbe Koalition laut Koalitionsvertrag jetzt wieder rückgängig zu machen beabsichtigt.

Die Frage, wie der System-Wettbewerb zwischen PKV und GKV, der durch die Wahlmöglichkeiten verschiedener Versichertengruppen zwischen beiden Spielarten der Krankenversicherung ausgelöst wird, zu bewerten ist, wird kontrovers diskutiert. Einerseits werden ihm Vorteile zugeschrieben: Jede Versicherungsart könne von der jeweilig anderen lernen – welche Instrumente funktionieren, welche nicht. Außerdem bewirke die ständig präsente „Gefahr", dass freiwillig Versicherte der GKV diese verlassen und zur PKV wechseln, dass es im Bereich der GKV zu Innovationen komme. So sei ein vergleichsweise umfangreicher Leistungskatalog entstanden und erhalten geblieben: „Wenn es die PKV als Alternative für die Versicherten nicht gäbe, hätten wir heute schon einen deutlich schlankeren Leistungskatalog in der GKV".[6]

Andererseits sind aus gesellschaftlicher Perspektive die distributiven und fiskalischen Wirkungen des Systemwettbewerbs aufgrund der unterschiedlichen Kalkulationssysteme negativ zu bewerten:[7] Die den freiwillig in der GKV versicherten Personen offenstehende Wahl der Versicherung zwischen GKV und PKV unterliegt deren individuellem Kalkül, ob sie eher einem System mit einkommensabhängigen Beiträgen und Familienversicherung oder eher einem System mit risikoabhängigen Beiträgen und Individualprinzip angehören wollen. Rational handelnde Versicherte werden diese Entscheidung so treffen, dass sie die für sie nützlichere Alternative wählen. Dies heißt aber, dass sich diejenigen für eine Versicherung in der PKV entscheiden, die für die GKV „attraktive Risiken" wären (nämlich: gesund, jung, wenig Familienversicherte), während es für diejenigen, die für die GKV weniger attraktiv sind (nämlich: erkrankt, älter, viele Familienversicherte), eine deutlich höhere Wahrscheinlichkeit gibt, dass sie in

---

[5] So wurde mit der Gesundheitsreform von 1988 (GRG) die Versicherungspflicht bestimmter Gruppen Selbständiger abgeschafft und auch für Arbeiter eine Versicherungspflichtgrenze eingeführt. Bei Aufnahme einer Teilzeittätigkeit greift unter bestimmten Voraussetzungen die Versicherungspflicht nicht.
[6] Leienbach (2005): 235.
[7] Vgl. Jacobs et al. (Hrsg.) (2006)

der GKV verbleiben. Exemplarisch sei darauf verwiesen, dass auf 100 Pflichtversicherte rd. 33 Familienversicherte kommen, auf 100 freiwillig Versicherte hingegen 76. Aus der Ausübung der Wahlentscheidungen resultieren daher verteilungspolitische Inkonsistenzen. Insgesamt führt diese Konstellation dazu, dass der GKV im Vergleich zu einer Situation, in den solchen individuellen Wahlrechten nicht bestünden, erhebliche Verluste an Deckungsbeiträgen entstehen.[8]

Darauf hinzuweisen ist, dass als Gegenargument die höheren Leistungsentgelte der PKV-Versicherten ins Feld geführt werden. So zahlen die privat Versicherten insbesondere bei der Inanspruchnahme ärztlicher Leistungen mehr als das Doppelte der Beträge, die die gesetzlichen Krankenkassen für die gleichen Leistungen entrichten;[9] in geringerem Umfang findet ein solcher überproportionaler Finanzierungsbeitrag der PKV-Versicherten auch in anderen Leistungsbereichen statt. Dies kann in gewisser Weise als Quersubventionierung von der PKV in die GKV interpretiert werden. Zutreffend ist daran, dass die GKV höhere Preise zahlen müsste, wenn bei Übergang zu einheitlichen Preisen beider Versicherungssysteme (oder im Rahmen eines einheitlichen Versicherungssystems) die Umsätze der Leistungserbringer nicht sinken sollten. Bisweilen wird argumentiert, dass die höheren Entgelte der PKV die Leistungen z.T. überhaupt erst – und zwar auch für GKV-Versicherte – möglich machen. Dahinter steht der Gedanke, dass die Ein-nahmen aus der Behandlung von PKV-Versicherten nicht nur die Einkommen der abrechnenden Ärzte erhöhen, sondern über ihren Kostendeckungsanteil erst die Voraussetzungen schaffen für bestimmte Angebote an GKV-Patienten. Allerdings lassen sich diese beiden Effekte schwer voneinander abgrenzen. Andererseits wird festgestellt, dass die GKV durch Einsatz eigener Ressourcen Wirkungen in der Steuerung des Gesundheitssystems erzielt, von denen auch die PKV profitiert, etwa wenn Gemeinsamer Bundesausschuss und Krankenkassen Festbeträge festlegen, in deren Folge die Arzneimittelhersteller ihre Apothekenabgabepreise senken. Zudem wird angeführt, dass die höheren Preise, die Leistungserbringer bei der Behandlung privat Versicherter erzielen können, eine bevorzugte Behandlung dieser Personengruppe mit sich bringt. Dass die Terminvergabe von niedergelassenen Ärzten zwischen gesetzlich und privat Versicherten differenziert, weiß inzwischen der Volksmund und ist auch experimentell belegt.[10]

---

[8] Vgl. etwa Berechnungen bei Sehlen et al. (2004).
[9] Vgl. etwa Niehaus (2006), Walendzik et al. (2009).
[10] Vgl. Lüngen et al. (2008).

Insgesamt lässt sich somit konstatieren, dass es Argumente sowohl für als auch gegen den Systemwettbewerb gibt. Es muss daher eine Wertentscheidung getroffen werden, ob der Systemwettbewerb durch Wahlmöglichkeiten von Teilen der Bevölkerung in der Vollversicherung zwischen zwei unterschiedlichen Versicherungslogiken folgenden Versicherungsarten bestehen bleiben oder durch ein anderes System ersetzt werden sollte. Wird – wie in der Themenstellung für dieses Referat vorgegeben – der Blickwinkel auf eine „Überwindung" der Marktabgrenzung gelegt, so ist damit ein Modell eines „einheitlichen Versicherungssystems" angesprochen.

2. Beurteilungskriterien für eine Reform zur Aufhebung der Marktabgrenzung PKV-GKV

Wenn die Entscheidung getroffen werden soll, ob die gegenwärtige Marktabgrenzung zwischen PKV und GKV in der Vollversicherung überwunden werden soll oder nicht, muss zuvor festgelegt werden, welche Beurteilungskriterien bei der Überprüfung von Reformvorschlägen angelegt werden sollen. Es ist unter Ökonomen weitgehend unstrittig, dass insbesondere folgende Aspekte zu überprüfen sind:[11]

- **Finanzielle Ergiebigkeit und Nachhaltigkeit**

Die GKV leidet unter einer systematischen Einnahmeschwäche. Diese ist ursächlich für die Debatten um eine Finanzierungsreform in dieser Dekade. Hier muss eine Finanzierungsreform daher auch positive Beiträge leisten. Die Einnahmebasis der Krankenversicherung sollte gesichert werden. Es ist zugleich zu fragen, inwieweit die Reform einen Beitrag zur Verbesserung der Generationen-Gerechtigkeit und zur Demographie-Festigkeit leisten könnte.

Kontrovers kann hierbei insbesondere diskutiert werden, inwieweit die Krankenversicherung der geeignete Ort für „Kapitaldeckung" als ein Weg dazu ist.[12].

---

[11] Vgl. etwa ganz ähnlich: Ulrich und Wille (2008).
[12] Vgl. dazu: Sachverständigenrat zur Begutachtung der gesamtwirtschaftlichen Entwicklung (2004).

- **Arbeitsmarktwirkungen**

    Einerseits wird man von einer Reform erwarten können, dass sie positive Effekte auf die Arbeitsnachfrage der Unternehmen erzielt, z.B. indem sie die Lohn(zusatz)kosten senkt, zumindest aber keine zusätzlichen Belastungen birgt. Andererseits könnte eine Erwartung auch dahingehend bestehen, dass die Reform Anreize für die privaten Haushalte setzt, auf dem Arbeitsmarkt (legales) Arbeitsangebot abzugeben, insbesondere, indem die Grenzabgabenbelastung bei Angebot von Arbeit gesenkt wird (Fritzsche 2004). Dabei darf der Effekt auf den Arbeitsmarkt, den Veränderungen in der Beitragsgestaltung der Krankenversicherung haben könnten, allerdings nicht überschätzt werden, auch da die derzeitigen Belastungen der Arbeitgeber mit Krankenversicherungsbeiträgen im internationalen Vergleich nicht besonders hoch sind.[13]

- **Verteilungsgerechtigkeit**

    Das deutsche Krankenversicherungs-System weist bisher durchaus verteilungspolitische Inkonsistenzen auf – und zwar nicht nur (wie oben beschrieben) an der Schnittstelle von GKV und PKV, sondern auch innerhalb der gesetzlichen Krankenversicherung. Es kann daher die Erwartung ausgesprochen werden, dass eine Reform zu mehr verteilungspolitischer Schlüssigkeit beiträgt. Zu fragen ist allerdings auch nach der Stabilität der verteilungspolitischen Arrangements: Das heutige GKV-System ist durch den Erhebungsmechanismus, der die beitragspflichtigen Einnahmen der Versicherten als Maßstab für die Beiträge nimmt, relativ beständig. Bei Systemen, bei denen das Ausmaß der Verteilungseffekte periodisch neu auszuhandeln ist, ist a priori von einer geringeren Verlässlichkeit der verteilungspolitischen Arrangements auszugehen.

- **Wettbewerbswirkungen im Krankenversicherungssystem**

    Wie oben beschrieben, weist der heutige Systemwettbewerb zwischen GKV und PKV Dysfunktionalitäten auf. Es muss daher bei vorliegenden Reformvorschlägen betrachtet werden, ob durch die Reform eine größere Funktionalität im Krankenversicherungswettbewerb erreicht werden könnte. Dies gilt im Übrigen nicht nur für die Auswirkungen auf den Sys-

---

[13] Vgl. IGES und BASYS (2004).

temwettbewerb, sondern auch für die Auswirkungen auf den Wettbewerb inner-halb von GKV und PKV.

- **Praktikabilität, politische Durchsetzbarkeit, juristische Machbarkeit**

  Aspekte der Praktikabilität werden in der politischen Diskussion oft vernachlässigt. Da allgemein aber beklagt wird, dass im deutschen Gesundheitswesen bereits jetzt zu viel Bürokratie besteht, sollte eine Reform zumindest nicht zu mehr Verwaltungsaufwand für alle Beteiligten führen, sondern – wenn möglich – eher zum Abbau von Bürokratie beitragen. Dass eine Reform politisch durchsetzbar sein muss, versteht sich von selbst – dies gilt insbesondere für solche Vorschläge, die auch eine Bundesratsmehrheit benötigen. Bezüglich der juristischen Machbarkeit ist auf die verfassungsrechtliche, aber auch auf die europarechtliche Zulässigkeit von Veränderungen zu achten.

3. Mögliche Modelle für ein einheitliches Versicherungssystem

In der Vergangenheit wurden schon verschiedenen Modelle entwickelt, um das aktuelle PKV-GKV-System in Deutschland zu verändern. Hier sollen die folgenden vier näher betrachtet werden:

3.1 Parallele Existenz von GKV und PKV in einem Modell mit einkommensabhängigen Beiträgen („Bürgerversicherung"), u.a. entwickelt von SPD, Bündnis90/Grüne, DGB.
3.2 Bürgerprivatversicherung mit kapitalgedeckten Pauschalprämien, u.a. entwickelt von Henke et al, Eekhoff, FDP.
3.3 Parallele Existenz von GKV und PKV in einem Pauschalprämienmodell, u.a. SVR-Wirtschaft-Modell.
3.4 Parallele Existenz unterschiedlicher Kalkulationssysteme auf einheitlichem Krankenversicherungsmarkt, sog. Wille/Ulrich-Modell.

3.1 Bürgerversicherung

Zu den zentralen Elementen der Bürgerversicherung, wie sie unter anderem von der SPD, Bündnis90/Grünen und DGB favorisiert wird[14], gehören:

---

[14] Vgl. Bündnis 90/ Die Grünen (2004), DGB (2004), Projektgruppe Bürgerversicherung des SPD-Parteivorstandes (2004).

- Versicherungspflicht für alle Bürger
- wahlweise Versicherung in GKV oder PKV
- Kontrahierungszwang und Diskriminierungsverbot für die Versicherer
- einkommensabhängige Beiträge
- Erweiterung der Beitragsbemessungsgrundlagen (dazu gibt es allerdings keine einheitliche Position, insbesondere was die künftige Ausgestaltung der Beitragsbemessungsgrenze und die Art des Einbezugs von Kapitaleinkünften betrifft)
- Umlageverfahren
- Risikostrukturausgleich (RSA), der sowohl die Finanzkraft als auch die Ausgaberisiken berücksichtigt
- Erhalt eines dynamischen Arbeitgeberbeitrags
- Erhalt der Trägervielfalt
- Vertragswettbewerb

Was die finanzielle Ergiebigkeit und Nachhaltigkeit angeht, kann man feststellen, dass die Verbreiterung des in den RSA einbezogenen Personenkreises (um die PKV-Versicherten) und der beitragspflichtigen Einnahmen der Erosion der Einnahmebasis der GKV entgegen wirken und in begrenztem Umfang einen c.p. dauerhaft niedrigeren Beitragssatz ermöglichen würde. Es fände eine partielle Abkopplung von der Konjunktur statt, so dass die Abhängigkeit von dieser verringert würde. Der – durch die längerfristig aufgrund des Auslaufens einer im Kapital-deckungsverfahren betriebenen PKV-Vollversicherung implizit bewirkte – Abbau des Kapitaldeckungselementes im deutschen Krankenversicherungssystem kann mit Blick auf Generationengerechtigkeit und Demographie-Resistenz als nachteilig bewertet werden.[15]

Die Veränderungen bei der Arbeitsnachfrage der Unternehmen dürften je nach Branche und Betrieb unterschiedlich ausfallen, da auf der einen Seite sinkende Belastungen bei bisher bereits GKV-Versicherten durch niedrigere Beitragssätze zu verzeichnen wären, auf der anderen Seite aber auch Mehrbelastungen durch den Einbezug der bisher Privatversicherten (bzw. solcher Personen, die nach den bisherigen Spielregeln für die private Krankenversicherung optieren würden) in das System der einkommensabhängigen Beiträge. Außerdem ist in diesem Konzept eine Abkopplung der Krankenversicherungsbeiträge von den

---

[15] Vgl. etwa Dibbern (2005).

Lohn(zusatz)kosten nicht vorgesehen, so dass die demographisch bedingt zu erwartenden Beitragssatzsteigerungen dort voll zu Buche schlagen würden.

Da ein sinkender Beitragssatz für die GKV-Versicherten die Grenzabgabenbelastung zumindest geringfügig senken würde, wäre ein erhöhtes Arbeitsangebot die Folge. Da aber Beitragssatzsteigerungen aufgrund der demographischen Entwicklung zu erwarten wären, würden die disincentives to work in dynamischer Perspektive nicht tatsächlich abnehmen.

Mit Blick auf die Verteilungsgerechtigkeit ist der Einbezug anderer Einkunftsarten bei bestehender Beitragsbemessungsgrenze ambivalent zu beurteilen, auch wenn die Kapitaleinkünfte in einer Art „zweiter Säule" bei gleicher Höhe anders behandelt würden als andere Einkommensarten. Die Beseitigung der individuellen Optimierungsmöglichkeit an der Schnittstelle GKV/PKV durch Einbezug aller Versicherten in den RSA wäre verteilungspolitisch c.p. schlüssig, beim Nettoeffekt wären allerdings die möglichen Quersubventionen bei der Leistungsinanspruchnahme zu berücksichtigen. Vielfach wird die Erwartung ausgesprochen, durch den Einbezug der PKV-Versicherten könnte eine „Zwei-Klassen-Medizin" beseitigt werden[16] - dies erscheint insgesamt etwas verkürzt, da Personen, die bereit sind, sich eine bessere Gesundheitsversorgung zu kaufen, in freiheitlichen Gesellschaften daran nicht gehindert werden können[17]; richtig ist aber, dass die Option für die berechtigten Personenkreise, eine bevorzugte Behandlung bei zugleich häufig im Vergleich zur GKV niedrigeren Beiträgen zu erhalten, wegfiele.

Die Bürgerversicherung muss nicht zwangsläufig eine „Einheitsversicherung" sein. Wie ausgeführt, gehen die Modelle davon aus, dass auch private Krankenversicherer als Versicherungsträger auftreten dürfen. Bieten eine Mehrzahl der PKV-Unternehmen und zugleich die Krankenkassen Versicherungsschutz in diesem Modell an, könnte ein Wettbewerb also durchaus auch in einem solchen System gelingen und eventuell sogar intensiver als heute sein.

---

[16] Vgl. etwa DGB (2004).
[17] Es gibt – in der Terminologie von Breyer und Kliemt (1994) – nur „weiche" Rationierung (=bestimmte Leistungen sind nicht im GKV-Katalog, dürfen aber privat zugekauft werden), hingegen keine „harte" Rationierung (= Verbot des Zukaufs besserer Leistungen).

3.2 Bürgerprivatversicherung

Zu den zentralen Elementen einer Bürgerprivatversicherung, wie sie etwa von Henke et al, Eekhoff und der FDP beschrieben wurde[18], gehören:

- Pflicht zur Versicherung für alle Bürger
- Versicherung in PKV, Umwandlung der bisher bestehenden gesetzlichen Krankenkassen in privatrechtliche Versicherungsvereine auf Gegenseitigkeit (VVaG)
- Kontrahierungszwang und Diskriminierungsverbot für die Versicherer
- einkommensunabhängige Pauschalbeiträge
- Kapitaldeckungsverfahren
- Portabilität der Alterungsrückstellungen,
- Abschaffung des Arbeitgeberbeitrags an die Krankenkassen und (steuerpflichtige) Auszahlung an die Arbeitnehmer
- Vertragswettbewerb der PKV-Unternehmen
- unterschiedliche Modelle der Ausgestaltung bzw. des Ausgleichs der potentiellen Doppelbelastung der Einführungsgeneration in der Kapitaldeckung
- Sozialausgleich über Steuern

Zur Ausgestaltung und zur Notwendigkeit eines RSA in einem solchen Modell gibt es unterschiedliche Vorstellungen, was auch mit der Art der Übertragbarkeit der Alterungsrückstellungen zusammen hängt.

Bei der Beurteilung dieses Reformvorschlags kann man bezüglich der Nachhaltigkeit und Ergiebigkeit der Finanzierung feststellen, dass auch bei der Bürgerprivatversicherung die Umstellung auf Pauschalprämien der Erosion der Einnahmen in der GKV entgegenwirken würde Es fände eine Abkopplung von der konjunkturellen Entwicklung statt. Die Einführung des Kapitaldeckungselements würde die Demographie-Resistenz der Finanzierung und auch die Gerechtigkeit zwischen den Generationen verbessern.

Hinsichtlich der Wirkungen auf dem Arbeitsmarkt muss man wieder zwischen Arbeitsnachfrage und -angebot unterscheiden. Die Abschaffung und Auszahlung des Arbeitgeberbeitrags würde c.p. in dynamischer Hinsicht die

---

[18] Vgl. Henke et al. (2002), Eekhoff et al. (2008), FDP-Fraktion im Deutschen Bundestag (2009).

Lohn(zusatz)kosten entlasten. Mit den zu erwartenden demographisch bedingt steigenden Krankenversicherungsbeiträgen würden die Arbeitgeber nicht belastet, daher könnte sich die Arbeitsnachfrage erhöhen. Die Umstellung auf eine pauschale Prämie würde die disincentives to work, die bei einkommensabhängigen Beiträgen bestehen, beseitigen. Allerdings würden bei Empfängern der sozialen Ausgleichszahlungen gerade wieder disincentives to work entstehen, je nach Ausgestaltung unterschiedlich stark.[19] Insgesamt sollte der Effekt auf den Arbeitsmarkt nicht über-schätzt werden. Allerdings bedeutet die Herausnahme des Arbeitgebers aus der Finanzierungsmitverantwortung für die Gesundheitskosten, dass das Interesse der Politik an einer Ausgabendämpfung im Gesundheitswesen, die in der Vergangenheit eine wesentliche Triebkraft für kontinuierliche Gesundheitsreformen war, entfallen würde[20] – ein Umstand, der ambivalent beurteilt werden kann: Einerseits mögen so Potenziale zur Effizienzsteigerung ungenutzt bleiben, andererseits zeigt die Erfahrung, dass die Kostendämpfungspolitik aus schlicht fiskalischen Überlegungen Leistungsausgrenzungen vornimmt, unter denen Kranke (und Einkommensschwache) in besonderer Weise zu leiden haben.

Was die Verteilungsgerechtigkeit dieses Reformvorschlags angeht, kann man sagen, dass die damit erreichte Beseitigung der individuellen Optimierungsmöglichkeit an der Schnittstelle GKV/PKV verteilungspolitisch c.p. schlüssig und gegenüber dem Status quo überlegen wäre. Auch innerhalb der Gruppe der GKV-Versicherten gälte, dass ein Modell, in dem die Einkommensumverteilung aus der GKV heraus-genommen und in das Steuersystem verlagert wird, theoretisch dem GKV-immanenten Sozialausgleich überlegen wäre.[21] Aber auch hier stellt sich die Frage, wie stabil dieses System sein könnte, wenn immer wieder in den politischen Gremien über die Transferzahlungen und ihre Höhe diskutiert würde. Zunächst einmal würden Modelle, die die einkommensabhängigen Beiträge zugunsten einkommensunabhängiger Beiträge abschaffen, zu einer massiven Mehrbelastung geringer Einkommen und einer massiven Entlastung von Personen mit über-durchschnittlichen Einkommen führen; es hinge zentral von der Detailausgestaltung ab, ob tatsächlich im Ergebnis eine massive Mehrbelastung insbesondere unterer und mittlerer Einkommen vermieden werden könnte und ein herrschenden Gerechtigkeitsvorstellungen entsprechendes neues System

---

[19] Vgl. dazu ausführlicher: Rothgang et al. (2005).
[20] Vgl. Arnold (1992), Wasem (1993).
[21] Vgl. bereits Henke (1991).

implementiert würde.[22] Die Einführung der Kapitaldeckung würde einen Beitrag zur intergenerativen Gerechtigkeit leisten. Allerdings wäre die „Einführungsgeneration" u.U. doppelt belastet – je nach Modell unterschiedlich stark.

Wenn man betrachtet, welche Auswirkungen die Einführung einer Bürgerprivatversicherung auf den Wettbewerb im Krankenversicherungssystem hätte, sieht man, dass eine einheitliche Rechtsform für alle Versicherer den Wettbewerb fördern könnte. In Bezug auf den Wettbewerb innerhalb der privaten Krankenversicherer würde durch die portablen Alterungsrückstellungen ein Wettbewerb eigentlich erst möglich.[23] Durch die einheitlichen Prämien würden unverzerrtere Preissignale gesetzt als zurzeit durch die Beitragssätze. Auch könnte – je nach Ausgestaltung des Reformvorschlags insbesondere bezüglich der Mitgabe der Alterungsrückstellungen – der Anreiz, gute Präventionsarbeit zu leisten, für die Krankenversicherer höher sein als im Status quo.

Funktionsfähiger Wettbewerb zwischen den Krankenversicherern setzt voraus, dass die Anreize so gesetzt sind, dass die Krankenversicherer sich in erster Linie zur Verbesserung ihrer Wettbewerbsposition um Qualität und Wirtschaftlichkeit der Versorgung bemühen, ihr Handeln hingegen nicht auf Risikoselektion ausrichten, die zwar einzelwirtschaftlich opportun sein mag, gesamtwirtschaftlich hingegen wenig sinnvoll ist.[24] Hinsichtlich der Frage, wie dies erreicht werden soll, unterscheiden sich die Konzepte der Bürgerprivatversicherung, je nach Ausgestaltung der Kalkulation (und Portabilität) der Alterungsrückstellungen: Zum einen ist ein Modell vorgelegt worden, nach welchem wie heute in der PKV alters- und geschlechtsspezifische durchschnittliche Alterungsrückstellungen kalkuliert und beim Wechsel des privaten Krankenversicherers mitgegeben werden sollen. In diesem Modell ist ein RSA vorgesehen, der die von der alters- und geschlechtsdurchschnittlichen Morbidität abweichende Morbidität der Versicherten ausgleicht und damit Risikoselektionsanreize für die Krankenversicherer neutralisiert.[25] Im Gegensatz dazu operiert ein anderes Modell mit dem Kon-

---

[22] Vgl. Rothgang et al. (2005).
[23] Durch das GKV-WSG ist zwar für Neuverträge eine teilweise Mitgabe von Alterungsrückstellungen für PKV-Unternehmen vorgesehen worden. Da diese auf dem Niveau des Basistarifs erfolgt und im Übrigen aufgrund der Mitgabe der *durchschnittlichen* Alterungsrückstellungen adverse Selektionseffekte ausgelöst werden, ist die damit gefundene Lösung allerdings mit Blick auf die Wettbewerbswirkungen als unbefriedigend einzuschätzen. Vgl. Meyer (2007).
[24] Vgl. statt vieler: van de Ven und Ellis (2000).
[25] Vgl. Henke et al. (2002).

zept zum Zeitpunkt des Versichererwechsels kalkulierter prospektiver individueller morbiditätsadjustierter Alterungsrückstellungen[26]: Würde dem wechselwilligen Versicherten eine Alterungsrückstellung mitgegeben, die dem Barwert seiner künftigen erwarteten individuellen Leistungsausgaben (abzüglich der zu erwartenden Beitragszahlungen) entspricht, seien aufnehmende und abgebende Versicherer hinsichtlich eines Wechsels neutral eingestellt, so dass auf einen RSA verzichtet werden könne.[27] Allerdings ist die Operationalisierbarkeit dieses anspruchsvollen Modelles ebenso strittig[28], wie die Frage, ob es in den nicht-wechsel-willigen Beständen ausreichende Anreize für die Versicherer setzt. Außerdem setzt es nur dann keine Anreize zur Risikoselektion, wenn davon ausgegangen wird, dass das Risiko zum Zeitpunkt der Geburt, also der ersten Wahl des Versicherers, für alle Versichertengruppen grundsätzlich gleich ist – z.B. also das Risiko der Geburt eines behinderten Kindes, aber auch das Risiko, dass ein Neugeborenes im Laufe seines Lebens Krankheiten entwickelt. Dies ist aber schon alleine aufgrund sozio-ökonomischer Kriterien nicht der Fall[29]. Die Versicherungsunternehmen hätten in einem solchen Modell also starke Anreize zur Risikoselektion zugunsten einkommens- und bildungsstärkerer Schichten, um nicht jedenfalls im Schnitt voraussehbare kumulative Risiken tragen zu müssen.

Die Modelle einer Bürgerprivatversicherung sehen den Übergang vom Sozialrecht in das Privatversicherungsrecht vor. Es bedarf daher einer sorgfältigen Analyse, welche bisherigen sozialstaatlichen Regelungen tatsächlich entbehrlich sind und welche erhalten bleiben sollten und inwieweit ihr Erhalt – auch mit Blick auf europarechtliche Regelungen – in einem Privatversicherungsmodell rechtlich zulässig ist. Die Diskussion in den Niederlanden, die 2006 ihre gesetzlichen Krankenkassen „privatisiert" haben und seitdem ein Bürgerprivatversicherungsmodell praktizieren, über zulässige Regulierungsschritte zeigt die Relevanz dieser Überlegungen.

3.3 Pauschalprämienmodell in GKV *und* PKV

In der politischen Diskussion sind insbesondere Pauschalprämienmodelle formuliert worden, die nur in der GKV Anwendung finden sollen, an der Marktaufteilung zwischen GKV und PKV jedoch nichts ändern wollen. Dies gilt etwa für

---

[26] Vgl. zu diesem Konzept zuerst: Meyer (1992).
[27] Vgl. Eekhoff et al. (2008).
[28] Vgl. Beutelmann (2001).
[29] Vgl. etwa Lampert und Kroll (2005), Mielck (2005).

den Reformvorschlag der Herzog-Kommission und den Kompromiss, den CDU und CSU in diesem Kontext seinerzeit erzielt hatten.[30] Mit Blick auf das vorliegende Thema stehen hingegen in erster Linie Modelle – und diese überwiegen insbesondere in der wissenschaftlichen Diskussion[31] - zur Debatte, die beim Übergang zur Pauschalprämie gleichzeitig auch die Marktaufteilung zwischen GKV und PKV überwinden und einen einheitlichen Krankenversicherungsmarkt schaffen wollen.

Unter anderem das Modell des Sachverständigenrates zur Begutachtung der gesamtwirtschaftlichen Entwicklung sieht ein Krankenversicherungssystem vor, in dem zwar GKV und PKV weiter existieren, aber beide anstelle der heutigen einkommensabhängigen Beiträge künftig Pauschalprämien in einem einheitlichen Krankenversicherungsmodell erheben sollen.[32] Zu den wichtigsten Elementen dieses Vorschlags gehören:

- Pflicht zur Versicherung für alle Bürger
- Wahlmöglichkeit zwischen GKV und PKV
- Kontrahierungszwang und Diskriminierungsverbot für die Versicherer
- Einkommens- und risikounabhängige Pauschalbeiträge
- Umlageverfahren
- Ausgabenrisikenbezogener RSA
- Abschaffung des Arbeitgeberbeitrags an die Krankenkassen und (steuerpflichtige) Auszahlung an die Arbeitnehmer
- Vertragswettbewerb der Versicherer
- Sozialausgleich über Steuern

Die Vorteile der Abkopplung der Einnahmen von den Einkommen und von der Konjunktur gelten auch hier bei der Betrachtung der Nachhaltigkeit und Ergiebigkeit der Finanzierung. Im Unterschied zu den Modellen der Bürgerprivatversicherung und in Übereinstimmung mit den Modellen der Bürgerversicherung würde allerdings hier auf einen Übergang zur Kapitaldeckung verzichtet bzw. diese entfiele (nach einer Übergangszeit) für die Vollversicherung auch für den Bereich der heutigen PKV – dies kann (wie oben beschrieben) mit Blick auf

---

[30] Kommission "Soziale Sicherheit" (2003), CDU/CSU (2004).
[31] Vgl. einen Überblick bei Rothgang et al. (2005).
[32] Vgl. Sachverständigenrat zur Begutachtung der gesamtwirtschaftlichen Entwicklung (2004).

die Generationengerechtigkeit und die Demographie-Resistenz negativ beurteilt werden.

Für die Wirkungen auf Arbeitsangebot und –nachfrage gelten die schon in 3.2 für die Bürgerprivatversicherung konstatierten Argumente: Die Abschaffung und Auszahlung des Arbeitgeberbeitrags würde die Lohn(zusatz)kosten entlasten, daher könnte sich die Arbeitsnachfrage erhöhen. Die Umstellung auf eine pauschale Prämie würde disincentives to work beseitigen. Allerdings würden diese bei Sozialtransferempfängern gerade wieder entstehen. Das Ausmaß der Arbeitsmarkteffekte sollte insgesamt wohl nicht überschätzt werden.

Auch bei der Untersuchung der Verteilungsgerechtigkeit diese Modells gelten einige der Feststellungen, die schon für die Bürgerprivatversicherung gemacht wurden: die Beseitigung der individuellen Optimierungsmöglichkeit an der Schnittstelle GKV/PKV wäre verteilungspolitisch c.p. schlüssig, ein sozialer Ausgleich über Steuern wäre theoretisch dem Status quo überlegen, wobei hier eine geringere Stabilität und Stetigkeit bestünde als im aktuellen System. Ob es tatsächlich gelänge, einen den herrschenden Gerechtigkeitsvorstellungen entsprechenden sozialen Ausgleich zu schaffen, oder ob im Gegenzug im Ergebnis eine deutliche Umverteilung zulasten unterer und mittlerer Einkommen resultieren würde, hängt von der Detailausgestaltung des Modelles ab. Hierzu wurden sehr unterschiedliche Überlegungen vorgelegt.[33]

Wenn man die Wirkungen dieses Reformvorschlags auf den Krankenversicherungswettbewerb betrachtet, kann man konstatieren, dass die Beseitigung der individuellen Optimierung an der Schnittstelle GKV/PKV die Funktionalität des Wettbewerbs fördern würde. Wie schon gesagt ermöglichen Pauschalprämien außerdem unverzerrtere Preissignale als Beitragssätze, so dass insoweit auch der Wettbewerb zwischen den heutigen GKV-Kassen verbessert würde. Auch der Wettbewerb zwischen den privaten Krankenversicherern würde im Vergleich zu heute – wo er aufgrund der unzureichenden Ausgestaltung der Portabilität der Alterungsrückstellungen beeinträchtigt ist – verbessert.

---

[33] Vgl. Rothgang et al. (2005).

3.4 Unterschiedliche Kalkulationssysteme in einheitlichem Versicherungsmarkt

Während die meisten Modellentwickler – und sämtliche bisher vorgestellten Modelle – zur „Überwindung" der Marktabgrenzung zwischen PKV und GKV davon aus-gehen, dass es in einem einheitlichen Krankenversicherungsmarkt genau *ein* verpflichtendes Modell zur Beitragskalkulation (mit den dazu gehörigen Rahmenbedingungen, etwa hinsichtlich der Notwendigkeit und der Ausgestaltung eines Risikostrukturausgleiches) gibt, ist grundsätzlich auch vorstellbar, dass im Rahmen eines einheitlichen Krankenversicherungsmarktes auch mehrere Kalkulationsmodelle praktiziert werden können, zwischen denen unter zu definierenden Rahmenbedingungen Krankenversicherer auswählen können und für die sich über die Wahl der Krankenversicherer Versicherte entscheiden können. Ein solches Modell haben etwa Ulrich und Wille vorgeschlagen[34]. Das Modell ist durch folgende Elemente charakterisiert:

- ▼ Pflicht zur Versicherung für alle Bürger
- ▼ wahlweise Versicherung in GKV oder PKV, ggfs. Umwandlung der GKVen in Versicherungsvereine auf Gegenseitigkeit
- ▼ Kontrahierungszwang und Diskriminierungsverbot für die Versicherer
- ▼ Umstellung auf einkommens- und risikounabhängige Pauschalprämien
- ▼ in der Vollversicherung Wahlmöglichkeiten und jederzeitige Wechselmöglichkeiten zwischen
  - umlagefinanzierter Grundsicherung mit RSA
  - (Teil-)Kapitalgedeckter Grundsicherung
  - Kapitalgedeckter Vollversicherung ohne RSA
- ▼ Abschaffung des Arbeitgeberbeitrags an die Krankenkassen und (steuerpflichtige) Auszahlung an die Arbeitnehmer
- ▼ Vertragswettbewerb der Versicherer
- ▼ sozialer Ausgleich über Steuern.

Soweit die Einheitlichkeit des Versicherungsmarktes und das Pauschalprämienmodell angesprochen sind, gilt für die Beurteilung des Modells das bisher Gesagte analog. Besondere Beachtung verdienen aber folgende Punkte:

Die Wirkungen der Parallelität von Umlage- und Kapitaldeckungsverfahren mit den jederzeitigen Wechselmöglichkeiten sind noch nicht gut zu beurteilen,

---

[34] Vgl. Ulrich und Wille (2008).

da Details im Modell bislang nicht ausgeführt wurden. Grundsätzlich sollte eine Parallelität allerdings möglich sein, wenn auch technisch anspruchsvoll. Ein Verfahrensvorschlag dazu ist von Sehlen et al vorgelegt worden.[35]

Die Auswirkungen der Parallelität von unterschiedlichen Systemen mit und ohne RSA sind auch nicht abschließend zu übersehen. Die von den Autoren dazu bisher vorgelegten (knappen) Ausführungen zur Unschädlichkeit mit Blick auf den einheitlichen Versicherungsmarkt überzeugen allerdings nicht. Es sei hier die These aufgestellt, dass das vorgeschlagene System dazu führen würde, dass die Versicherten solange sie vergleichsweise gesund sind die Versicherungsvariante ohne RSA wählen und wenn sie erkranken, in die Versicherungsvariante mit RSA wechseln – was das Versicherungssystem destabilisieren würde. Hier sind noch weitere Detailuntersuchungen zu einem prinzipiell sicherlich attraktiven – weil Freiräume eröffnenden – Grundansatz erforderlich.

4. Die Vorschläge der neuen Regierungskoalition

Auch im Koalitionsvertrag der neuen Bundesregierung wurden erste Festlegungen für Reformen des bestehenden Krankenversicherungsmarktes getroffen, die „langfristig" erreicht werden sollen.[36] Interpretiert man diese Festlegungen, ergibt sich der Eindruck, dass es sich im Kern um das Modell eines Krankenversicherungsmarktes handelt, das ähnlich schon im Konsenspapier von CDU und CSU[37] vom November 2004 beschrieben wurde:[38]

- ▼ Es soll keinen einheitlichen Versicherungsmarkt geben, sondern vielmehr bei der bestehenden Dualität der Vollversicherung in GKV und PKV in getrennten Krankenversicherungsmärkten mit unterschiedlichen Kalkulationsregeln bleiben.
- ▼ Die Versicherungspflichtgrenze und die getrennte Wahrnehmung der Pflicht zur Versicherung sollen erhalten bleiben.
- ▼ Der Gesundheitsfonds soll nur noch aus festgeschriebenen Beiträgen der Arbeitgeber und einem Bundeszuschuss gespeist werden.
- ▼ Mittel des Fonds sollen dann über RSA-Kriterien (hier liegt ein Unterschied zu dem CDU/CSU-Konsenspapier aus 2004, das gleiche Zuwei-

---

[35] Vgl. Sehlen et al. (2006).
[36] CDU et al. (2009).
[37] CDU/CSU (2004).
[38] Bestandteil des Koalitionsvertrages ist zudem die Reduktion des morbiditätsorientierten Risikostrukturausgleiches, worauf in diesem Beitrag nicht eingegangen wird.

sungen für alle Versicherten vorgesehen hatte) an die Kassen ausgeschüttet werden.
- Jede Krankenkasse soll einen „einkommensunabhängigen Arbeitnehmerbeitrag", also eine Pauschalprämie kalkulieren.
- Für Personen mit geringem Einkommen ist ein „sozialer Ausgleich" vorgesehen.

Das Modell, das im Koalitionsvertrag mit dem einleitenden Wort „langfristig" vorgestellt wird, lässt sich grafisch wie folgt veranschaulichen:

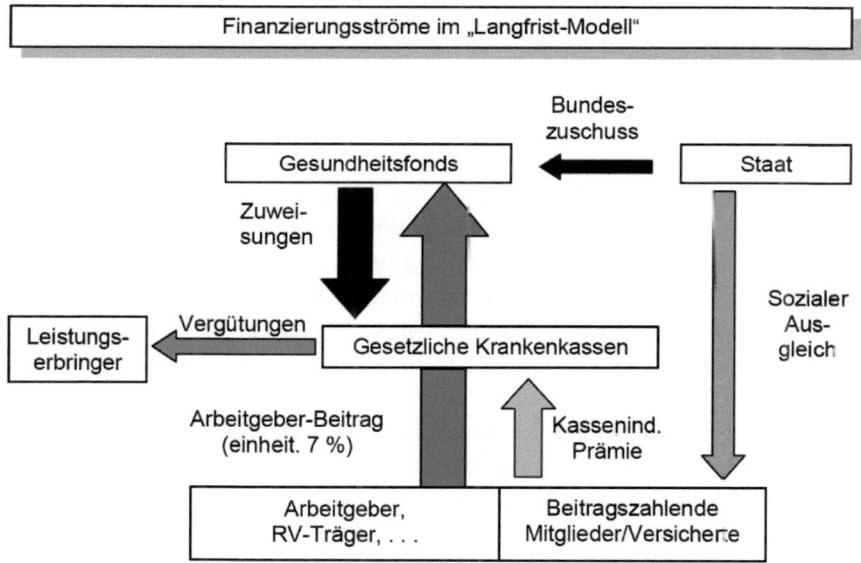

Quelle: Wasem, Staudt (2009)

Im Kern handelt es sich also um ein Pauschalprämien-Modell, bei dem der getrennte Krankenversicherungsmarkt zwischen GKV und PKV nicht aufgehoben würde. Die Ambivalenz der bisherigen Wirkungen des „Systemwettbewerbs" bliebe bei einer solchen Reform grundsätzlich erhalten. Zugleich bedeutet dies allerdings nicht, dass dieses Modell keine Auswirkungen auf die Marktabgrenzung zwischen GKV und PKV hätte. Denn es würde die Kalküle für die freiwillig Versicherten der GKV nachhaltig verändern: Während sie gegenwärtig zwischen einem System mit einkommensabhängigem Beitrag und einem

System mit risikoabhängiger Pauschalprämie wählen können, bezieht sich die Wahlmöglichkeit im „Langfrist-Modell" des Koalitionsvertrages auf zwei Pauschalprämienmodelle. In der Folge würden – wie oben beschrieben – die Beiträge der freiwillig Versicherten mit Einkommen oberhalb der bisherigen Beitragsbemessungsgrenze in der GKV deutlich sinken. Daher würden die Privaten Krankenversicherungen an Wettbewerbsfähigkeit verlieren. Dies gilt insbesondere deswegen, weil die PKV aufgrund der höheren Preise, die sie für die Gesundheitsleistungen zahlen muss, in der Konkurrenz zweier Pauschalprämienmodelle klar im Hintertreffen wäre. Welches Ausmaß dieser Verlust an Wettbewerbsfähigkeit hätte, hängt vor allem auch davon ab, welche Regelungen für die bisherige Familienversicherung im neuen System vorgesehen würden. Nicht auszuschließen ist, dass die PKV soweit an Konkurrenzfähigkeit verlöre, dass man von einer „Bürgerpauschalprämienversicherung durch die Hintertür" sprechen könnte.

Vor dem Hintergrund, dass die PKV bei Realisation dieses Modelles wahrscheinlich sehr schnell ein vehementes Interesse an der Abschaffung der Versicherungspflichtgrenze und Verschmelzung der beiden Systeme hätte, damit sie auf einem einheitlichen Krankenversicherungsmarkt allen Einwohnern Krankenversicherungsschutz anbieten könnte, bieten die Reformvorstellungen der Koalition interessante Anknüpfungspunkte für einen Übergang zum „niederländischen Modell". Dort ist – wie auch in dem Koalitionsmodell angelegt – eine ungefähr hälftige Finanzierung der Krankenversicherungsbeiträge durch einkommensabhängige Beiträge (überwiegend des Arbeitgebers) und eine hälftige Finanzierung durch Pauschalprämien (mit einem steuerfinanzierten sozialen Ausgleich) vorgesehen. Auch die Aufhebung der strikten Trennung von PKV- und GKV-System entspräche der Praxis in den Niederlanden, wo ein einheitlicher Krankenversicherungsmarkt besteht. Die dortigen Krankenkassen sind im Zuge der Schaffung desselben in privatrechtliche, nicht gewinnorientierte Versicherungen überführt worden.

Literatur

Arnold, M. (1992): Beitragssatzstabilität in der gesetzlichen Krankenversicherung. Sozialer Fortschritt. 41, 3. 53-57.

Beutelmann, J. (2001): Verbesserung des Wettbewerbs in der privaten Krankenversicherung durch Verstärkung der Wechseloptionen zwischen PKV-

Unternehmen. In: V. d. p. Krankenversicherung (Hrsg.): Zu den Wechseloptionen der PKV. Köln. 77-118

Breyer, F. und Kliemt, H. (1994): Lebensverlängernde medizinische Leistungen als Clubgüter? In: K. Homann (Hrsg.): Wirtschaftsethische Perspektiven. Duncker&Humblot. Berlin. 131-158

Bündnis 90/ Die Grünen (2004): Leistungsfähig - solidarisch - modern: Die grüne Bürgerversicherung. Beschluss 23. ordentliche Bundesdelegiertenkonferenz

CDU, CSU und und FDP (2009): Wachstum. Bildung. Zusammenhalt. Koalitionsvertrag zwischen CDU, CSU und FDP. 17. Legislaturperiode

CDU/CSU (2004): Reform der Gesetzlichen Krankenversicherung - Solidarisches Gesundheitsprämienmodell

DGB (2004): Die solidarische Bürgerversicherung

Dibbern, G. (2005): Mehr Nachhaltigkeit im Gesundheitswesen - die Reformkonzepte aus Sicht der privaten Krankenversicherung. In: E. Wille und M. Albring (Hrsg.): Versorgungsstrukturen und Finanzierungsoptionen auf dem Prüfstand. 9. Bad Orber Gespräche. 11.-13. November 2004. Peter Lang. Frankfurt am Main. 239-258

Eekhoff, J., Bünnagel, V., Kochskämper, S. und Menzel, K. (2008): Bürgerprivatversicherung - ein neuer Weg für das Gesundheitswesen. Mohr Siebeck. Tübingen.

Enquete-Kommission des Deutschen Bundestages "Demographischer Wandel - Herausforderung unserer älter werdenden Gesellschaft an den Einzelnen und die Politik" (2002): Schlussbericht der Enquete-Kommission des Deutschen Bundestages "Demographischer Wandel- Herausforderung unserer älter werdenden Gesellschaft an den Einzelnen und die Politik". BT-Drucksache 14/8800.

FDP-Fraktion im Deutschen Bundestag (2009): Antrag "Für ein einfaches, transparentes und leistungsgerechtes Gesundheitswesen." BT-Drucksache 16/11879

Fritzsche, B. (2004): Verteilungspolitische Aspekte einer Umstellu ng der Beiträge zur Gesetzlichen Krankenversicherung auf Pauschalprämien in Verbindung mit Ausgleichszahlungen. RWI: Mitteilungen 54/55 2003/4. 51-85.

Henke, K.-D. (1991): Alternativen zur Weiterentwicklung der Sicherung im Krankheitsfall. In: K.-H. Hansmeyer (Hrsg.): Finanzierungsprobleme der sozialen Sicherung. Duncker & Humblot. Berlin. 117-176

Henke, K.-D., Johannßen, W., Neubauer, G., Rumm, U. und Wasem, J. (2002): Zukunftsmodell für ein effizientes Gesundheitswesen in Deutschland. Vereinte KV. München.

IGES und BASYS (2004): Belastung der Arbeitgeber in Deutschland durch gesundheitssystembedingteKosten im internationalen Vergleich

Jacobs, K., Klauber, J. und Leinert, J. (Hrsg.) (2006): Fairer Wettbewerb oder Risikoselektion. Wissenschaftliches Institut der AOK. Bonn.

Kommission "Soziale Sicherheit" (2003): Bericht der Kommission "Soziale Sicherheit" zur Reform der sozialen Sicherungssysteme

Lampert, T. und Kroll, L. E. (2005): Einfluss der Einkommensposition auf die Gesundheit und Lebenserwartung. DIW. Berlin.

Leienbach, V. (2005): Die Reformkonzepte aus Sicht der privaten Krankenversicherungen. In: E. Wille und M. Albring (Hrsg.): Versorgungsstrukturen und Finanzierungsoptionen auf dem Prüfstand. 9. Bad Orber Gespräche. 11.-13. November 2004. Peter Land. Frankfurt. 233-238

Lüngen, M., Stollenwerk, B., Messner, P., Lauterbach, K. W. und Gerber, A. (2008): Waiting times for elective treatments according to insurance status: A randmized impirical study in Germany. International Journal für Equity in Health. 7, 1-7.

Meyer, U. (1992): Zwei überflüssige Wettbewerbshemmnisse in der privaten Krankenversicherung.

Meyer, U. (2007): Auswirkungen der Gesundheitsreform auf die PKV. Zeitschrift für Wirtschaftspolitik. 56, 2. 180-189.

Mielck, A. (2005): Soziale Ungleichheit und Gesundheit. Verlag Hans Huber. Bern.

Niehaus, D. F. (2006): Der überproportionale Finanzierungsbeitrag privat versicherter Patienten zum Gesundheitswesen im Jhar 2005

Projektgruppe Bürgerversicherung des SPD-Parteivorstandes (2004): Modell einer solidarischen Bürgerversicherung

Rothgang, H., Wasem, J. und Greß, S. (2005): Kopfprämienmodelle in der GKV - Lohnt sich ein Systemwechsel? Diskussionsbeitrag aus dem Fachbereich Wirtschaftswissenschaften Universität Duisburg-Essen. Fachbereich Wirtschaftswissenschaften der Universität Essen. Essen.

Sachverständigenrat zur Begutachtung der gesamtwirtschaftlichen Entwicklung (2004): Erfolge im Ausland - Herausforderungen im Inland. Wiesbaden.

Sehlen, S., Hofmann, J. und Reschke, P. (2006): Private Krankenversicherung und Risikostrukturausgleich. Gesundheits- und Sozialpolitik. 60, 1/2. 54-64.

Sehlen, S., Schräder, W. F. und Schiffhorst, G. (2004): Bürgerversicherung Gesundheit - Grünes Modell. Simulation zu Ausgestaltungsmöglichkeiten. IGES-Papier Nr. 04-06. Berlin.

Ulrich, V. und Wille, E. (2008): Weiterentwicklung des Gesundheitssystems. In: (Hrsg.): Weiterentwicklung des Gesundheitssystems und des Arzneimittelmarktes - Gutachten für den Verband forschender Arzneimittelhersteller e.V. 15-90

van de Ven, W. P. M. M. und Ellis, R. (2000): Risk Adjustment in competitive health plan markets. In: A. J. Culyer und J. P. Newhouse (Hrsg.): Handbook of Health Economics. Elsevier North Holland. Amsterdam. 755-845

Walendzik, A., Manouguian, M., Greß, S. und Wasem, J. (2009): Vergütungsunterschiede imambulanten ärztlichen Bereich zwischen PKV und GKV und Modelle der Vergütungsangleichung. Sozialer Fortschritt. 58, 4. 63-69.

Wasem, J. (1993): Die Erfahrungen mit Kostendämpfungsstrategien und Gesundheitsreformen in der Bundesrepublik Deutschland. In: Institut für Gesundheits-System-Forschung (Hrsg.): Bericht über die Tagung Finanzierung der Gesundheitsversorgung bei steigenden Kosten und begrenzten Ressourcen. Triltsch. Würzburg. 119-170

Wasem, J. und Staudt, S. (2009): Alte und neue Ideen zur Finanzierung der Krankenversicherung in Deutschland. Impliconplus. 10/2009. 1-8.

Künftige Herausforderungen des Gemeinsamen Bundesausschusses

Reiner Hess

Die künftigen Herausforderungen des G-BA werden rechtlich durch die bestehende gesetzliche Aufgabenstellung des SGB V und durch die Gesetzesvorhaben der neuen Regierungskoalition zu dessen Weiterentwicklung bestimmt. Letzteres macht aber auch politische Aussagen zur künftigen Herausforderung des G-BA so schwierig. Das zeigt die Gegenüberstellung von Zitaten aus der Koalitionsvereinbarung:

- Der **Gesundheitsmarkt** ist der wichtigste Wachstums- und Beschäftigungssektor in Deutschland
- **Wettbewerb** um Leistungen, Preise und Qualität ermöglichen eine an den Bedürfnissen der Versicherten ausgerichtete Krankenversicherung sowie eine gute medizinische Versorgung. Auf der Versicherungs-. Nachfrage- und Angebotsseite werden die Voraussetzungen für einen funktionsfähigen Wettbewerb um innovative und effiziente Lösungen geschaffen, der den Versicherten und Patienten in den Mittelpunkt stellt.
- Alle Menschen in Deutschland sollen **unabhängig von Einkommen,** Alter, sozialer Herkunft und gesundheitlichem Risiko die **notwendige medizinische Versorgung qualitativ hochwertig und wohnortnah** erhalten und am **medizinischen Fortschritt** teilhaben können.
- Wir benötigen eine zukunftsfeste Finanzierung, Planbarkeit und Verlässlichkeit sowie **Solidarität und Eigenverantwortung**. Die **Finanzierbarkeit** muss auch mittel- und langfristig gewährleistet werde.

Es ist schwer diese Kernaussagen der Koalitionsvereinbarung zum Gesundheitswesen auf einen Nenner zu bringen. Insbesondere das klare Bekenntnis zum Wettbewerb, der gerade nicht auf gleiche Versorgungsbedingungen für alle gerichtet sein kann, lässt sich mit der Forderung nach einer allen Menschen in Deutschland unterschiedslos zustehenden qualitativ hochwertigen, den medizinischen Fortschritt einschließenden, wohnortnahen notwendigen medizinischen Versorgung kaum vereinbaren. Offenbar hält aber auch die neue Koalition an einer „solidarischen Wettbewerbsordnung" fest, in der durch normative Steuerung der Leistungsanspruch des Versicherten auf eine medizinisch notwendige Versorgung garantiert bleiben und die wettbewerbliche Ausrichtung noch stärker auf möglichst effiziente Versorgungsstrukturen gerichtet sein soll. Da an anderer Stelle die Selbstverwaltung als tragendes Strukturelement der GKV bestätigt wird, ist davon auszugehen, dass auch der Gemeinsame Bundesausschuss in seiner grundsätzlichen Aufgabenstruktur von der neuen Koalition nicht in Frage gestellt wird. Die Koalitionsvereinbarung spricht bei ihren inhaltlichen Reformvorhaben denn auch die folgenden Aufgabengebiete des G-BA ausdrücklich an:

1. Arzneimittelsteuerung durch Kosten-Nutzenbewertung
2. Bedarfsplanung in der vertragsärztlichen Versorgung
3. Zulassung der Krankenhäuser zur ambulanten ärztlichen Behandlung
4. Erweiterung der Delegationsmöglichkeiten ärztlicher Leistungen an andere Berufe

Die bestehende Aufgabenstruktur des G-BA ist, wie diese Auflistung zeigt, keineswegs vom Gesetzgeber systematisch entwickelt worden. Sie hat sich vielmehr aus der Beibehaltung der den früheren Bundesausschüssen sektorenbezogen zugeordneten Aufgaben ergeben; Je nach gesetzgeberischen Bedarf sind einzelgesetzlich weitere Aufgaben hinzugekommen (z.B. Schutzimpfungen, spezifische ambulante palliative Versorgung, Chronikerregelung). Nur die Qualitätssicherung ist sektorenübergreifend durch das GKV-WSG in §§ 137, 137a SGB V neu strukturiert worden, allerdings auch nicht vollständig, wie die nach wie vor nicht einbezogene medizinische Rehabilitation zeigt. Insbesondere in der Bewertung neuer Untersuchungs- und Behandlungsmethoden ergeben sich aus dem fortbestehenden Sektorenbezug (§§ 92, 108, 135, 137c SGB V) Ungereimtheiten, die mit den Anforderungen an die politisch gewollte stärker integrierte sektorenübergreifende Versorgung nicht mehr in Einklang zu bringen sind. Die Entscheidungen des G-BA sind daher sehr stark von der Erledigung der zu den verschiedensten Aufgabenbereichen gestellten Einzelanträge abhängig. Es gibt bisher keine systematische Aufarbeitung gesundheitspolitischer Versorgungsprobleme und eine daran ausgerichtete Antragsstellung oder Antragspriorisierung.

Gerade wegen der politischen Weichenstellung zu einer noch stärker wettbewerblichen Ausrichtung des Gesundheitsmarktes unter Beibehaltung eines solidarisch finanzierten einheitlichen Versorgungsanspruches auf das medizinisch Notwendige bedarf es aber einer derartigen systematisierten Aufarbeitung von Versorgungsproblemen und einer stärker daran priorisierten Aufgabenwahrnehmung durch den G-BA. Innerhalb des G-BA wird daher schon seit geraumer Zeit in einer Arbeitsgruppe an einem Priorisierungskonzept gearbeitet, das gestellte Einzelanträge in einen Kontext zu damit im Zusammenhang stehenden Versorgungsproblemen stellen soll und das zunächst beispielhaft Versorgungsprobleme als solche priorisiert und auf dieser Grundlage Einzelanträge zu deren Lösung vorbereiten soll. Die folgende Übersicht soll diesen Ansatz verdeutlichen:

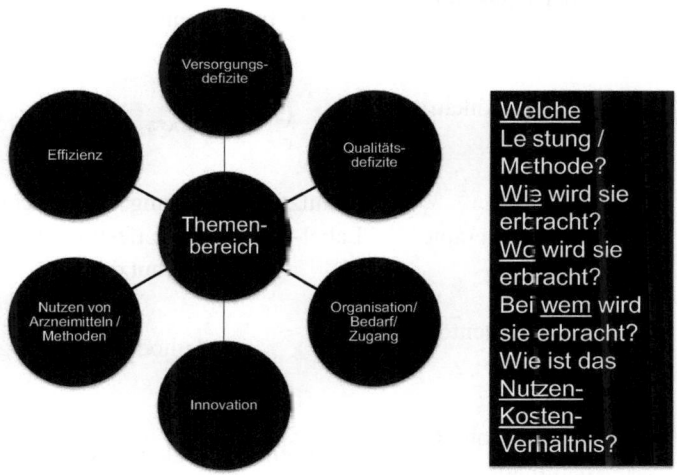

Sie zeigt sowohl den Ansatz auf, zunächst Themenbereiche zu priorisieren und zu analysieren sowie danach Leistungen/Methoden einzuordnen und zu bewerten, als auch umgekehrt von antragsgemäß zu bewertenden Leistungen/Methoden auszugehen und sie in einen Versorgungskontext mit einem jeweils versorgungsrelevanten Themenbereich zu stellen. Dem G-BA kommt bei entsprechenden Analysen neben der eigenen Fachkunde die Zusammenarbeit sowohl mit dem IQWiG zur Bewertung von Leitlinien und zum Kosten/Nutzenverhältnis von vergleichbaren Leistungen/Methoden als auch mit AQUA zur Erstellung von Qualitätsindikatoren und Durchführung von Defizitanalysen zugute.

Die Schlussfolgerungen aus einer solchen mehrdimensionalen Analyse können unterschiedlich sein:

Versorgungskette	Richtlinien; Empfehlungen
Primärprävention, Gesundheitsförderung	Gesundheitsuntersuchung, Schutzimpfung
Sekundärprävention, Screening	Krebsfrüherkennung, Kinder, Mutterschaft
Diagnostik, Indikationsstellung	Methodenbewertung, Mutterschaft
Arzneimitteltherapie	Nutzen- Bewertung, Therapiehinweis, Off-Label-Use, OTC-, Lifestyle, spezialisierte AM, Schutzimpfung
nicht-medikamentöse Therapie	Methodenbewertung
Tertiärprävention, Rehabilitation	Arbeitsunfähigkeit / Wiedereingliederung
Koordination, Kooperation, Qualitätssicherung	116b, SAPV; QS-Einzelmaßnahmen / Vereinbarungen, RL Nr. 13, Q-Beurteilung, Q-Prüfung, QS Dialyse, Mindestmengen; Bedarfsplanung; DMP

1. Aus der Analyse heraus, können Aufträge zu weiteren Bewertungen an das IQWiG und zu konkreten QS-Maßnahmen an AQUA oder die Vorbereitung von Anträgen zu Richtlinienänderungen resultieren.
2. Die Analyse kann zur Priorisierung von Anträgen und deren Bearbeitung führen, ebenso umgekehrt aber auch zur Zurückstellung bis hin zum Vorschlag einer Antragsrücknahme wegen fehlender Versorgungsrelevanz

3. Die Analyse kann zur Gewichtung unter mehreren in Betracht kommenden Maßnahmen führen mit entsprechender Vorbereitung von Entscheidungen in Richtlinien und Empfehlungen
4. Die Analyse kann zu Empfehlungen an die Trägerorganisationen führen, Maßnahmen, die nicht in die Aufgabenzuständigkeit des G-BA fallen, in eigener Zuständigkeit aufzugreifen.

Die folgende Zusammenstellung zeigt die verschiedenen Regelungsebenen des G-BA auf denen Konsequenzen aus entsprechenden Analysen im Rahmen einer Versorgungskette gezogen werden könnten. Im Unterschied zum DMP umfasst eine solche Versorgungskette auch die Prävention. Entsprechende Vorarbeiten des GVG-Ausschusses Gesundheitsziele (www.gesundheitsziele.de) zur Anwendung nationaler Gesundheitsziele sollten genutzt werden.

Abgesehen von einer solchen nur stufenweise möglichen Umstellung der Arbeitsweise des G-BA stellen folgende Themenschwerpunkte den G-BA in der bis Mitte 2012 dauernden Wahlperiode vor besondere Herausforderungen:

- Beschlussfassung und modellhafte Erprobung einer einrichtungs- und sektorenübergreifenden Qualitätssicherung neben der Weiterführung und stufenweise Weiterentwicklung der bisherigen sektorenbezogenen Qualitätssicherungs- und Qualitätsmanagement-Programme;
- schrittweise Neustrukturierung des Früherkennungsuntersuchungsprogramms insbesondere für Kinder;
- modulare Ergänzung von strukturierten Behandlungsprogrammen (DMP) um bestimmte Komorbiditäten;
- Einstieg in eine modellhafte sektorenübergreifende Bewertung des medizinischen (Zusatz-)Nutzens hochspezialisierter Behandlungsverfahren am Beispiel der Brachytherapie zur Behandlung des Prostatakarzinoms;
- Bewertung der Osteodensitometrie;
- Bewertung von Untersuchungsmethoden zur Früherkennung von Gestationsdiabetes;
- Richtlinie zur Diamorphinbehandlung Suchtkranker;
- Richtlinie zur modellhaften Erprobung einer Substitution ärztlicher Leistungen durch dafür qualifizierte Angehörige der Pflegeberufe;
- Ergänzung des Kataloges zur Zulassung von Krankenhäusern zur ambulanten Behandlung bestimmter Erkrankungen;
- Aktualisierung der DMP Brustkrebs und Asthma;

- weitere Nutzen- bzw. Kosten-Nutzenbewertungen von patentgeschützten Arzneimitteln;
- weitere Verfahren für die Verordnung besonderer Arzneimittel insbesondere in der Krebstherapie;
- zeitnahe Therapiehinweise für medizinische Innovationen
- Neustrukturierung der vertragsärztlichen Bedarfsplanung.

Auch in der Abarbeitung dieses anspruchsvollen Arbeitsprogramms bedarf es einer Prioritätensetzung, die auch in enger Abstimmung mit der Politik erfolgen sollte.

Der Wettbewerb der Krankenkassen unter dem Gesundheitsfonds

Karl-Heinz Schönbach

Die Spezialisierung und Differenzierung der Medizin in Gebiete und Fächer ist inzwischen ebenso weit fortgeschritten wie die Ökonomisierung der Gesundheitsberufe. Dabei wird für die Krankenversicherung angesichts des Angebotsdrucks aus dem Gesundheitsmarkt die Aufgabe immer anspruchsvoller, das Nützliche und Notwendige zu identifizieren und in den Vergütungssystemen abzubilden. Gleichwohl wird dort, wo die Systeme dem Patienten konkret zugutekommen sollen, wo nicht „Leistung" an sich oder die „Vergütung" im Zentrum stehen, sondern „Versorgung", die Sicherstellung immer fragiler. Denn in der Versorgung zählt nicht nur die Vielfalt vereinzelter Spezialisten, sondern gerade auch die Zuverlässigkeit des Gesamtsystems. Seit aber Hausärzte seltener und Arzt-Patienten-Beziehungen weniger dauerhaft geworden sind, stellen sich hier neue Fra-gen. Diese Fragen vertraglich und durch Versorgungsmanagement zu lösen, wird zur Kernaufgabe der Krankenkassen. Ihre Dienstleitungen dazu reichen von Information über Navigation und Beratung bis zum Versorgungsmanagement, kollektiven und selektiven Verträgen sowie der Fallführung komplexer Fälle. Dabei stehen immer häufiger wettbewerbliche Versorgungsformen wie die hausarztzentrierte und die besondere ambulante Versorgung im Mittelpunkt.

Bedingungen des Gesundheitsfonds

Schon von seinem politischen Ursprung her war der Gesundheitsfonds für eine beitragsfinanzierte Krankenversicherung mit Selbstverwaltung nicht als systemgerechte, auf Dauer angelegte Finanzierungslösung konzipiert worden, sondern als Zwischenschritt zu einem künftigen ordnungspolitischen Konzept. Befürchtungen, der Staat können dabei versucht sein, seinen Finanzierungsanteil unterproportional zu entwickeln, sind angesichts der Reaktion auf die Finanzkrise mehr als widerlegt und werden wegen der neuen ordnungspolitischen Ziele der schwarz-gelben Koalition kaum von der Realität eingeholt werden können - jedenfalls nicht mit Blick auf das zur Verfügung stehende Finanzvolumen. Die schwarz-gelbe Koalition will die Finanzierungsseite der GKV entfesseln (Fixierung des Arbeitgeberbeitrages und Umstellung auf Prämien der Versicherten) und den sozialen Ausgleich im Steuersystem lösen. Dabei trifft sie für die Ausgabenseite auf Vorgaben aus der Großen Koalition, die einen strukturellen jährlichen Mehrbedarf zwischen 5 und 6 Prozent bedingen. Das Gesundheitswesen ist strukturell von der Einnahmenentwicklung der GKV entkoppelt, vgl. Abb. 1. Auf dieser Grundlage ist die Kurskorrektur der neuen Koalition sicherlich einer der Wege, die den Staat nicht immer tiefer in die Finanzierung des Gesundheitswesens führen. Der Gesundheitsfonds als „unsichtbare Hand" des Staates hätte zur weiteren Politisierung des Gesundheitswesens geführt und wettbewerbliche Initiative gelähmt.

Abb. 1: Ausgabenentwicklungen und Finanzentwicklungen

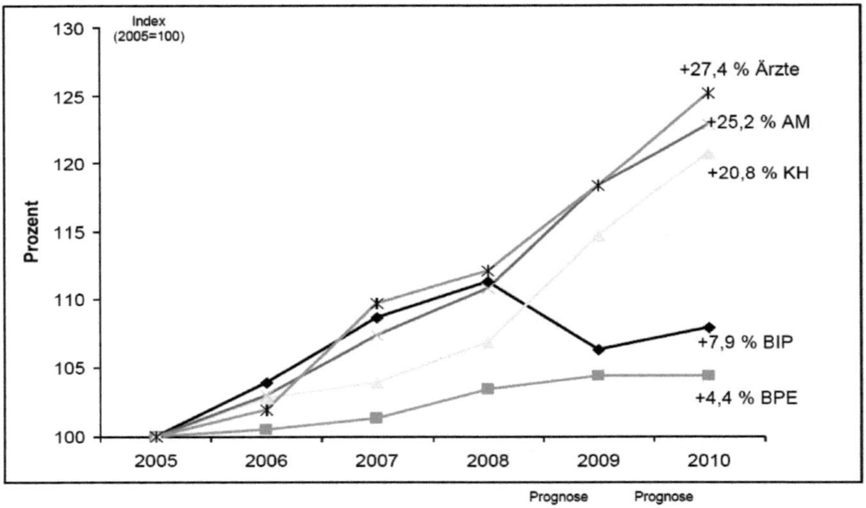

Quelle: Ausgabenprognose: Schätzerkreis Bundesregierung, Prognose BIP: Bundesregierung

Für die Krankenkassen steht dabei der wettbewerblich ungewisse Zusatzbeitrag für ihre Versicherten im Mittelpunkt. Das Risiko der jeweiligen Krankenkasse, als erste oder mit besonders deutlichen Zusatzbeiträgen die Reaktion des Marktes ausgesetzt zu sein, hat die Zurückhaltung bei wettbewerblichen Initiativen spürbar erhöht. Gleichwohl sind ungeachtet des Wegfalls der erleichterten Budgetbereinigung im Rahmen der Integrierten Versorgung und ungeachtet der rechtlichen Blockade der Bereinigung der morbiditätsorientierten Gesamtvergütungen in der ambulanten Versorgung nur rund 20 Prozent der Integrationsverträge revidiert worden.

Gleichwohl geben Regierungs- und Richtungswechsel der Gesundheitspolitik Anlass, die Positionierung der Krankenkassen pro Einzelvertragsgeschäft zu betrachten. Welchen Stellenwert hat die „gute Versorgung" der Versicherten für die wettbewerbliche Positionierung der Krankenkasse?

Versorgung ist Unternehmenszweck

Für die AOK etwa gilt: Das Sicherheitsversprechen, im Krankheitsfall auch in Zukunft eine gute und umfassende Versorgung zu erhalten, ist ihr Markenkern. Die AOK nennt sich nicht nur die Gesundheitskasse, sie ist auch Versorgerkasse, denn Versorgung ist ihr Unternehmenszweck. Neben der Prävention und Vorsorge erwarten die Versicherten im Kern, dass ihre Krankenkasse sie bzw. ihre Familie sichert, wenn sie wirklich ernsthaft erkranken. Von daher schätzen nach der Marktforschung der AOK nicht nur die aktuell Kranken die gute Versorgung als Wettbewerbsvorteil einer Krankenkasse ein. Auch die 80 Prozent der aktuell Gesunden beurteilen hiernach im Kern das Profil einer Krankenkasse, während die „Kassen-Hopper" für die Wettbewerbsposition einer Krankenkasse unter den aktuellen Rahmenbedingungen nicht den Ausschlag geben können.

Abb. 2: Was gehört für Versicherte zu einer optimalen medizinischen Versorgung?

Quelle: AOK-BV

Den Versicherten ist – vgl. Abb. 2 - die Komplettversorgung am wichtigsten (33 %). Sie suchen bei einer bestmöglichen Versorgung die vollständige Kostenübernahme. Vorsorge und Früherkennung werden ebenso priorisiert (27 %) wie die Behandlung nach dem neuesten Stand (16 %), Medikamente ohne Zuzahlung (13 %) und ein guter Service der Krankenkasse (10 %). Die Sicherheit in der Zukunft ist mithin der zentrale Wert. Entsprechend scheinen die Versicherten Vorsorge und Früherkennung sehr hoch zu schätzen.

Werden die Versicherten detaillierter befragt, bei welchen Anliegen sie die Unterstützung der Krankenkasse erwarten, gibt es eine auffällige Diskrepanz zwischen „ungestützten" und „gestützten" Ergebnissen; vgl. Abbildung 3.

Abb. 3: Welche Indikationsbereiche sind den Versicherten am wichtigsten?

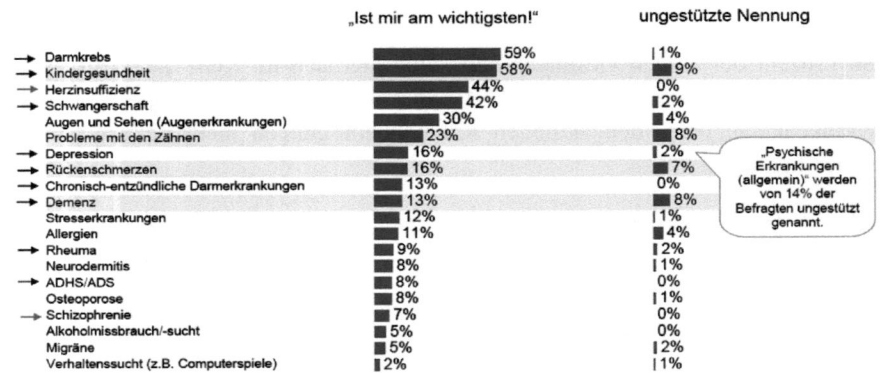

Quelle: AOK-BV

Bei den „gestützten Ergebnissen" wurden konkrete Fragen formuliert. Es ist zweifellos zutreffend, dass eine Krankenkasse, die ihr Image in der Kommunikation zu den Versicherten mit für das Kerngeschäft unspezifischen Eigenschaften stützt, kaum als „Kompetenzführer in der Versorgung" auftreten kann (und wird). Im Mittelpunkt stehen dann vage Assoziationen an Gesundheit (Lauftreff, gesunde Ernährung, Familie) und Zusatzleistungen, die häufig mit der Krankenversicherung nicht allzu viel zu tun haben (Bewerbungstraining z.B.). Die so gekennzeichnete Positionierung der Krankenkassen resultiert zum Teil noch aus dem überholten gesetzlichen Zuweisungsmodell nach sozialen Gruppen (Angestellte, Betrieb) und der Attrahierung gesunder Versicherter bzw. „guter Risiken", solange es den morbiditätsorientierten Risikostrukturausgleich zwischen den Krankenkassen nicht gab. Die Erwartung war, dass, wer entsprechende Kompetenz offenbart, kranke Versicherte attrahiert, für die es auf der Finanzierungsseite kein Äquivalent gab. Dieses Modell soll mit dem M-RSA überwunden werden, weil es falsche Anreize für den Wettbewerb der Krankenkassen setzt.

Vor dem Morbi-RSA stand die Krankenversicherung vor der paradoxen Situation, einerseits vom Selbstverständnis her den Wettbewerb betonen zu sollen, dabei andererseits aber ihre Kernaufgabe, die Versorgung, dem Wettbewerb vorenthalten zu müssen. Die damit verbundenen Schaufensterveranstaltungen haben einen guten Teil der Beobachter an den Rand des Überdrusses gebracht. Umso nachhaltiger sollte nun, nach Einführung des M-RSA, der Wettbewerb in der Versorgung entwickelt werden. Die AOK will das leisten.

Inzwischen wird nämlich mit dem M-RSA auch für die Politik offensichtlich, dass eine beliebig hohe Zahl von Krankenkassen ohne versorgungsinhaltlichen Wettbewerb für die GKV wenig Nutzen stiftet. Im bundesweiten M-RSA bilden alle Versicherten gemeinsam die Solidargemeinschaft. Und die Krankenkasse kann – guter Service vorausgesetzt – nur so leistungsfähig sein, wie ihre Kompetenz für die Bereitstellung einer guten Versorgung reicht. Dazu leistet sie konkrete Information, Prävention, Vorsorge, situationsgerechte Beratung, hilfreiche Angebots-Navigation, gut strukturierte Verträge mit Ärzten, Krankenhäusern und Lieferanten und bietet Unterstützungsleistungen in der Versorgung, kurzum: sie beweist ihre Kompetenz als Anwalt des Versicherten. Basis dafür ist die versorgungsnahe Modulation des ökonomischen Interesses der Krankenkasse im Hinblick auf die Optimierung der Versorgung wie sie der M-RSA leisten kann. Dabei wird (vgl. Abb. 4) die jeweilige, nach Alter und Geschlecht neu bestimmte Grundpauschale mit den jeweiligen Morbiditätszuschlägen versehen. Die Krankenkasse ist unter diesen Bedingungen nicht gehindert, die Versorgung ggf. durch selektive Verträge zu konkretisieren. Und professionelle Verbraucherberater helfen den Versicherten immer mehr bei ihrem Urteil über die leistungsfähige Kasse.

Abb. 4: Im M-RSA wird der Behandlungsbedarf differenziert Abgebildet

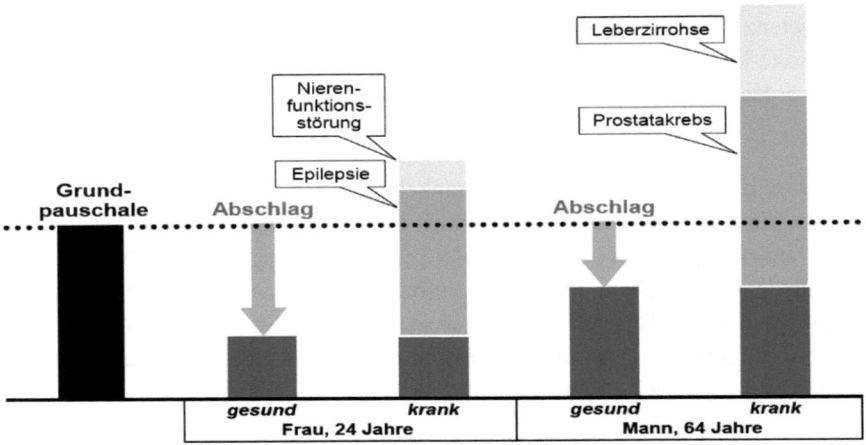

Quelle: BVA

Dieser Paradigmenwechsel trifft interessanterweise auf eine parallel beobachtete Ökonomisierung der Kassenärzte. Traditionell war dem zugelassenen Kassenarzt die professionelle Rolle zu eigen, den Leistungsanspruch des Versicherten in der jeweiligen Situation – mithin die Versorgung – zu konkretisieren. Er fungierte dabei ebenso als Anwalt des Patienten, der die erforderlichen Leistungen verordnet, wie als Notar der Krankenkasse, die nicht ohne hinreichenden Anlass beansprucht werden soll. Je weiter die Ökonomisierung des Arztberufes fortschreitet, umso mehr verlässt der Arzt die robusten, originären Maßstäbe der Profession und sieht sich als Objekt ökonomischer Anreize. Von daher war die Öffnung der Praxen zu medizinisch fragwürdigen, nicht dem Stand der Profession entsprechenden so genannten „individuellen Gesundheitsleistungen" von der Ethik-Kommission der Kassenärztlichen Bundesvereinigung abgelehnt worden. Und von daher haben Ärzte in den 90er Jahren pekuniäre Anreize als solche noch als unethisch zurückgewiesen, während sie heute als unethisch empfundenes Verhalten (zum Beispiel höhere Wartezeiten für Kassenpatienten) zur unvermeidbaren Folge gerade ökonomischer Anreize erklären.

Wettbewerb beachtet Marktforschung

Die „gestützten Ergebnisse" aus der Marktforschung in Abbildung 2 zeigen zum einen das Sicherheitsbedürfnis nach umfassender Versorgung angesichts schwerer Erkrankungen in der Zukunft – dafür stehen etwa Darmkrebs, Herzinsuffizienz und Rheuma. Andererseits gibt es besondere Fürsorge bei Kindergesundheit und Schwangerschaft, allgemeine Sorge bei Augen und Zähnen sowie einen überraschend hohem Rang für Demenz, Schizophrenie, Depression. Die bisher bei den Krankenkassen häufig im Vordergrund stehenden Indikationen wie Stress, Migräne, Rückenschmerz, Allergie, Neurodermitis und Osteoporose werden auch genannt, führen die Skala aber nicht an.

Dabei ist evident, dass für Asthma/COPD, Diabetes und Koronare Herzkrankheit/Herzinsuffizienz bereits Disease-Management-Programme für Volkskrankheiten bestehen. Bei Brustkrebs wurde ebenfalls ein DMP etabliert. Ebenso wird die Präferenz der Versicherten bei Augen-Sehen und Zähnen-Mundgesundheit nicht neue Versorgungsaktivitäten auslösen können, sondern Information und Prävention begründen. Schwangerschaft ist bei den Versicherten auch ein Versorgungsthema, weil die Gynäkologen in kaum angemessener Weise privat zu finanzierende (IGEL) Leistungen anbieten.

Von daher sind als für die Weiterentwicklung der Versorgung zusätzlich thematisierte Indikationen vor allem häufige Formen von Krebs, Rheuma bzw. Rheumatoide Arthritis, Kindergesundheit/ADHS, Depression und schließlich nach wie vor Rückenschmerzen interessant.

Ambulante Versorgung steuert

Zu Recht werden die Versicherten erwarten, dass eine Krankenkasse, die mit ihrem Markenkern „Versorgung" in die Kommunikation tritt, ihre Versprechen erfüllt. Sie wird Versorgungsdefizite angehen. Dazu gehören – um nur zwei Kardinalprobleme zu nennen:

- Zum einen die Zerstückelung der ambulanten Versorgung durch fallpauschale Vergütungen, die zu durchschnittlich 17,8 Arztkontakten je Versicherten pro Jahr geführt haben. Vermehrt werden augenscheinlich standardisierbare und rationalisierbare Leistungsschritte, während gleichzeitig Überweisungen zu Fachärzten und Krankenhausfälle zunehmen. Angesichts der „Industrialisierung" der Praxen und der damit verbundenen Leistungsentleerung reklamiert jede Arztgruppe für den Kern ihres Versorgungsauftrages Unterfinanzierung. Stereotyp in Verhandlungen ist die These: Für das, was wir eigentlich in der Versorgung leisten sollen, sei keine Zeit.

- Zum anderen die Wartezeiten bei Fachärzten, die neben der Inflationierung aufgrund des Vergütungssystems auch auf den Entzug von ärztlicher Arbeitszeit für GKV-Patienten zurückzuführen ist, während in den Praxen immer mehr Zeit für nicht bereits pauschal vergütete Leistungen aufgewandt wird (dazu gehören die IGE-Leistungen, Gutachten und insbesondere Abrechnungen zu Lasten der PKV; vgl. Abb. 5). Patienten warten häufig mehrere Monate, und es drängt sich die Vermutung auf, Politik mit Wartezeiten falle in das strategische Repertoire der Berufsverbände. Nicht nur vereinzelt reduzieren Kassenärzte ihre Sprechzeiten für GKV-Patienten auf die mantelvertragliche Untergrenze von 20 Stunden und bieten darüber hinaus Privatbehandlung an.

Abb. 5: Entwicklung des Umsatzes je Vertragsarzt nach Kostenträgern

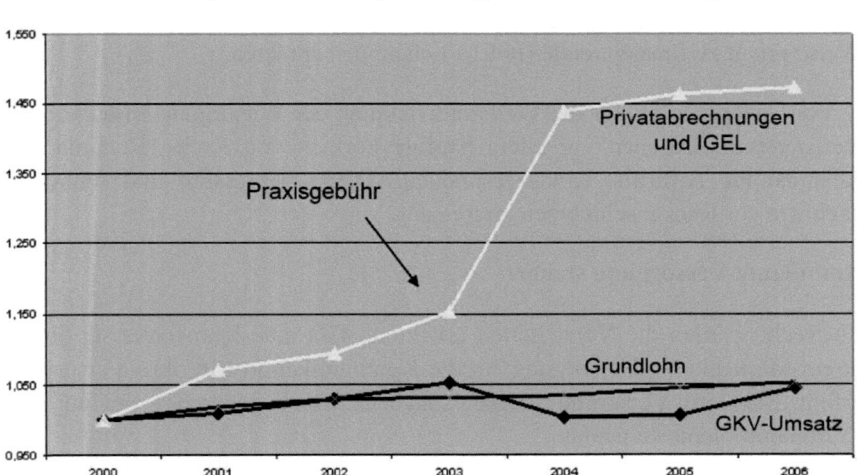

Quellen: KBV, StatBA, AOK-BV

Eine Krankenkasse, die ihre Zustimmung bei den Versicherten und in der Gesellschaft aus ihrer Versorgungskompetenz gewinnt, wird die damit aufgeworfenen Fragen nicht ignorieren (können). Und sollten diese Probleme nur mit „selektiven Verträgen" zu lösen sein, so sind sie das Mittel der Wahl. Allerdings darf die morbiditätsorientierte Gesamtvergütung nicht zu einer leistungsleeren Pauschalfinanzierung der ambulanten ärztlichen Versorgung geraten, während etwa auch aus dem Vergütungssystem resultierende einzelne Versorgungsprobleme jeweils Anlass zu selektiven Verträgen und zusätzlichem Mittelaufwand geben. Um dem entschieden entgegenzuwirken und tatsächlich Nachfrage der Versicherten auf die jeweiligen Angebote zu verlagern, statt zusätzliche Nachfrage zu induzieren, darf sich die Versorgungspolitik der AOK nicht auf „Verträge" kollektiver wie selektiver Art (im Sinne, die Abrechnung zu ermöglichen) beschränken, sondern muss sich immer auch darauf konzentrieren, mit der ganzen Skala ihrer Interventionen im Versorgungsgeschehen wirksam zu werden. Dazu gehören (vgl. Abb. 6)

Abb. 6: Managementaufgaben der Krankenkassen bei Selektivverträgen

Versorgungsmanagement		Vertragswettbewerb
Versicherten-service und Co-Management für AOK-Versicherte	Fallführung, Assistance	
	Beratung, Tel. outbound	
	Ergänzende Leistungen	**Co-Managemet für Ärzte** · Prospektive Vergütung
	Telephonie intbound	· Tools, Support
	Navigaoten, Hotlines	· Datenmanagement
	Versicherteninformation	· Vertrags-nformation

Quelle: AOK-BV

- Maßnahmen, die beim Versicherten ansetzen, indem sie ihn durch geeignete Information, Gesundheitsförderung, Navigation im Dschungel der Versorgungsangebote, Hotlines und Inbound-Telefonie, Beratung und Outbound-Telefonie sowie Fallführung und Assistance, Monitoring bei besonderen Risiken, Zweitmeinungsangebote und andere Unterstützungsleistungen. Nicht zuletzt wird dadurch die Rolle des Versicherten als kompetenter Nachfrager gesundheitlicher Leistungen gestärkt.

- Maßnahmen, die beim Anbieter medizinischer Leistungen ansetzen, indem sie sein Management durch Vertragsinformationen und Zielvereinbarungen unterstützt, Tools für eine Optimierung des Verordnungsverhaltens etwa im Hinblick auf Rabattverträge bereitstellt und versorgungsadäquate prospektive Vergütungen bietet

Neuer gesetzlicher Regelungen bedarf es zurzeit nicht. Das SGB V stellt die Optionen von populations- und indikationsbezogenen Kollektiv- und Selektivverträgen bereit. Zweifellos sollte der Abschlusszwang zu HzV-Verträgen zugunsten einer wettbewerblich offenen Regelung entfallen und die Rabattverträge mit Pharmazeutischen Unternehmern gerade nicht infrage gestellt werden.

Allerdings sollte der Gesetzgeber angesichts der erheblichen Überkapazitäten im stationären Bereich für Mehrleistungen das Vertragsprinzip stärken. Die durchschnittliche Auslastung der Häuser liegt gerade noch bei 74 %. Aufgrund des neuen „Orientierungswertes" für die Weiterentwicklung der Krankenhausvergütungen und der Mengenentwicklung dort, werden jährliche Ausgabensteigerungen stationär strukturell kaum unter 6 % liegen. Schon allein damit gingen jährliche Milliardendefizite der Krankenkassen einher. Von daher führt kein Weg daran vorbei, Überkapazitäten abzubauen und leistungsfähigen Häusern gleichwohl ein Wachstum zu ermöglichen. Der dafür erforderliche positive Anreiz für selektive Verträge und damit Investitionen in die Qualität der Versorgung ginge von einer stärkeren degressiven Vergütung von Mehrleistungen im Kollektivvertrag aus.

Versorgungsangebote und -Ziele der AOK

Für die besonderen vertraglichen Angebote der AOK in der ambulanten Versorgung standen bisher bereits die DMP im Mittelpunkt. Sie haben die Behandlung chronischer Erkrankungen mit dem Erfolg besserer Gesundheitsergebnisse für die Patienten strukturiert und ergänzt. Inzwischen sind 2,7 Millionen Versicherte der AOK in ein DMP eingeschrieben, allein 1,5 Millionen Versicherte nehmen an den Curaplan-Programmen für Typ-2-Diabetiker teil. Aktuelle Studienergebnisse belegen den Erfolg der DMPs. So werden nach einer Studie des Helmholtz Zentrums München Schulungen und notwendige Kontrolluntersuchungen bei Teilnehmern des DMP für Typ-2-Diabetiker sehr viel häufiger durchgeführt als bei Diabetikern in der Regelversorgung. Die Studie ergab zudem, dass der Blutdruck der DMP-Teilnehmer im Durchschnitt besser eingestellt war und dass sie deutlich öfter die für ihre Erkrankung angezeigten Medikamente einnahmen. Die Studie beruht auf Daten aus der sogenannten KORA-Plattform, einer bevölkerungsrepräsentativen Stichprobe von Patientinnen und Patienten. Auch die ELSID-Studie des Universitätsklinikums Heidelberg zeigt Vorteile für die DMP-Teilnehmer: Die Studie hat unter anderem ergeben, dass es bei Diabetes-Patienten, die am DMP Diabetes mellitus Typ 2 teilnehmen, eine sehr viel niedrigere Sterberate gibt als bei Patienten, die nicht in ein solches Programm eingeschrieben sind. Nach den Erkenntnissen der Heidelberger Wissenschaftler profitieren multimorbide Patienten besonders von der Teilnahme am DMP. Die Sonderauswertungen der AOK zur gesetzlichen Evaluation der AOK-Programme haben darüber hinaus ergeben, dass sich die medizinischen Werte der Versicherten, die kontinuierlich an einem DMP teilnehmen, im Laufe des Auswertungszeitraums deutlich verbessern. Zudem geht die Rate der neu aufgetretenen Folge- und Begleiterkrankungen (z.B. Herzinfarkte oder Schlaganfälle bei Teilnehmern des DMP KHK) zurück.

Auch aus den in den letzten Jahren forcierten Integrationsverträgen könnten bei vielen insbesondere indikationsspezifischen Schnittstellenproblemen der Versorgung Erfolge erzielt und die Zustimmung von Patienten und Ärzten zur GKV verbessert werden. Für die gesundheitspolitische Weiterentwicklung der GKV stehen inzwischen darüber hinaus populationsbezogene Ansätze mit größerer Reichweite an, insbesondere Verträge der hausarztzentrierten Versorgung. Mit populationsbezogenen Versorgungsansätzen soll insbesondere eine höhere Stabilität und Qualität der medizinischen Betreuungsfunktionen erreicht werden. Inzwischen sind mehr als 3 Mio. AOK-Versicherte in HzV-Verträge eingeschrieben. Der ordnungspolitisch verfehlte Vertragszwang für die HzV mit Schiedsregelungen aus dem OrgWG hat die Entwicklung managementfähiger Versorgungsstrukturen an dieser Stelle aus Sicht des AOK-Bundesverbandes eher verzögert als vorangebracht. Im politischen Wettbewerb wie beim Wettbewerb im Gesundheitswesen können sich Zwangskoalitionen nicht durchsetzen. Dabei kommt es am Ende des Tages auch nicht allein auf das Schiedsurteil an, sondern auf Bereitschaft und Engagement, zahlreiche offene Managementaufgaben auch engagiert zu füllen.

Bezeichnenderweise ist der Durchbruch für populationsbezogene wettbewerbliche HzV-Verträge in Baden-Württemberg ohne Vertragszwang erfolgt. Mit ihrer Initiative hat es die AOK inzwischen auf fast 700.000 Einschreibungen gebracht. Und besondere ambulante Angebote sollen nun hinzukommen.

Die besondere ambulante (fach-)ärztliche Versorgung, die der Gesetzgeber in § 73c SGB V grundgelegt hat, setzt im Grunde eine funktionierende (haus-) ärztliche Versorgung aus § 73b SGB V oder zumindest die Sicherstellung der hausärztlichen Versorgung voraus:

- Einerseits soll und muss sich der Facharzt in der Behandlung auf seine besonderen Kompetenzen konzentrieren können, da alles andere die Spezialisierung ad absurdum führte.
- Andererseits muss sich der Patient darauf verlassen können, dass er tatsächlich zeitnah Zugang zum Facharzt erhält, wenn er davon profitieren könnte.
- Beides setzt neben einer guten Diagnostik des Hausarztes und dessen Überweisung zum Facharzt ein Praxismanagement voraus, das kurze Wartezeiten garantiert.

Diese wenigen schlichten Voraussetzungen verweisen auf landläufige Defizite, bevor Fragen der eigentlichen Qualitätssicherung überhaupt angesprochen sind. Die tatsächlichen Konstrukte in der gesundheitlichen Versorgung bleiben weit hinter dem Fortschritt der Reformwerkstätten zurück. Es könnte von daher für die gesundheitspolitische Beratung die Versuchung zu einer Art „gedanklichen Sprung" in eine Welt integrierter Versorgung bestehen, ohne dass die rechtlichen und ökonomischen Sachverhalte beachtet werden. Der Sachverständigenrat etwa entwirft Szenarien, deren Realisierungsmodell er in das Kinzig- oder Leinetal verweist. Deutschland besteht aber auch aus Ebenen und Höhen, nicht nur aus Tälern.

Von daher bleiben die AOKs in der Verantwortung für die Versorgung realpolitisch an die Sicherstellung der haus- und fachärztlichen Versorgung gebunden. An zwei Beispielen soll im Folgenden die Verbindung von haus- und fachärztlicher Versorgung überblicksartig nachgezeichnet werden.

Beispielindikation „Rheumatoide Arthritis"

Die rheumatologischen Krankheiten umfassen ein großes Spektrum von entzündlich-rheumatischen Systemerkrankungen, degenerativen Erkrankungen sowie durch Stoffwechselerkrankungen ausgelöste und funktionell bedingte schmerzhaften Störungen des Bewegungsapparates. Entsprechend erfolgt die Versorgung der Erkrankten in verschiedenen Versorgungssettings des Gesundheitswesens. Nur die wenigsten benötigen eine Versorgung durch Rheumatologen, dies sind im Wesentlichen die entzündlich rheumatischen Systemerkrankungen.

Für die entzündlich-rheumatischen Systemerkrankungen insgesamt kann nach verschiedenen deutschen und europäischen Studien von einer Punktprävalenz von knapp 2 % unter Erwachsenen ausgegangen werden. Dies ergibt rund 1 bis 1,5 Millionen betroffene Erwachsene; hinzu kommen etwa 15.000 chronisch rheumakranke Kinder.

An der Rheumatoiden Arthritis sind allein ca. 400.000 Versicherte der AOK er-krankt. Sie gehört, zusammen mit weiteren rheumatisch-entzündlichen Erkrankungen, zum Bereich der muskoloskelettalen Erkrankungen, die die führende Ursache von chronischen Schmerzen, körperlichen Funktionseinschränkungen sowie Verlust an Lebensqualität und Lebenserwartung sind.

Die Versorgungsstruktur ist insbesondere durch die Knappheit fachärztlicher Rheumatologen gekennzeichnet. Bei einer Zahl von 1 bis 1,5 Millionen entfallen auf jeden internistischen Rheumatologen rechnerisch über 3.300 Patienten. Es muss ein dringliches Anliegen der Sicherstellung sein, die fachärztliche Kompetenz durch eine gute Verzahnung von hausärztlicher und fachärztlicher Betreuung gezielt zu nutzen. Um die speziellen Versorgungsanliegen besser als bisher abzudecken, sollte zudem eine rheumatologische Fachassistenz auf- und ausgebaut werden.

Übersicht 1: Qualitätsdefizite in der Struktur der Versorgung der rheumatoiden Arthritis

Rheumatologische Fachkompetenz Hausärzte
Hausärzte sind nicht ausreichend fortgebildet
Verfügbarkeit spezialisierter/fachärztlicher Versorgung
Nur 450 Rheumatologen, die bei der Bedarfsplanung keine eigene Fachgruppe bilden
Verfügbarkeit spezialisierter rheumatologischer Zentren
Die stationäre Behandlung findet in der Hälfte der Fälle nicht in rheumatologischen Abt. statt
Durchführung rhematologischer Konsile
Einrichtungen ohne Fachabt. fordern/binden zu selten rheumatol. Konsil

an/Expertise ein
Verfügbarkeit interdisziplinärer rheumatologischer Teams
Interdisziplinäres rheumatologisches Team ambulant wie stationär selten vorhanden
Durchführung rheumatologischer Fallkonferenzen
Fallkonferenz für schwere Krankheitsbilder nicht (zu selten) etabliert

Quelle: AOK-BV

Für die Optimierung der Versorgungsprozesse steht die frühzeitige, standardisierte Diagnostik beim Hausarzt im Vordergrund, um die Patienten mit rheumatoider Arthritis frühzeitig beim Rheumatologen vorstellen zu können. Um die aufgrund des pharmakologischen Fortschritts inzwischen bestehenden Chancen einer weitgehenden oder sogar vollständigen Remission zu nutzen, muss die Basistherapie mit möglichst hohem Grad genutzt werden. Wesentliche Maßnahmen, um diese Ziele zu erreichen, sind:

- Bestimmung eines Versorgungspfades,
- Bestimmung von Überweisungskriterien und -verfahren,
- Kriterien für die regelmäßige Therapieanpassung,
- Kriterien für und Koordination von supportiven Maßnahmen.

Darüber hinaus sind die kontinuierliche Fortbildung von Hausärzten und Orthopäden sinnvoll sowie die Entlastung der Rheumatologen durch eine rheumatologische Fachassistenz sowie Case-Manager (Rheumalotse).

Übersicht 2: Qualitätsdefizite im Prozess der Versorgung der rheumatoiden Arthritis

Diagnostik
Diagnostik unzureichend, es dauert durchschnittlich 5 Jahre bis der Patient zu Rheumatologen findet.
Rheumatologische Expertise
Rheumatologisches Konsil spät, selten, unklare Überweisungskriterien erschweren Frühdiagnostik
Basistherapie
Anteil der mit Basistherapie Versorgten zu gering

Adherence
Unerwünschte AM-Wirkungen führen zu Therapieabbruch durch den Patienten
Nicht-medikamentöse Therapie, Rehabilitation
Nicht-medikamentöse Therapie zu selten einbezogen
Koordination
Fehlende Koordination bei komplexen Behandlungsprozessen
Anwendung der Transitionsversorgung
Transition vom Kinder-Rheumatologen zum Erwachsenen-Rheumatologen nicht ausgeprägt

Quelle: AOK-BV

Die aufgeführten Defizite und Maßnahmen sind nicht nur in der Literatur bekannt, sondern auch anerkannter Gegenstand der Debatte von Hausärzten und Rheumatologen, Fachgesellschaften, Berufsverbänden und Selbsthilfegruppen. Es ist Inhalt einer versorgungsinhaltlich stabilen Verknüpfung von haus- und fachärztlicher Versorgung, diese Maßnahmen in geeigneter Weise aufzugreifen. Dazu eruiert der AOK-Bundesverband medizinische Behandlungspfade und Vertragskonzepte. Die Bereitschaft und Fähigkeit, eine stabile Managementbasis dafür auch in der hausärztlichen Versorgung herzustellen, wird in HzV-Verträgen am ehesten angetroffen. Bei den Arbeiten haben wir gesehen, dass sich die KBV mit dem Berufsverband der Rheumatologen mit ähnlichen Konzepten beschäftigt, von daher liegt hier eine Zusammenarbeit nahe.

Beispielindikation „Depression"

Als zweites Beispiel kann die Behandlung der Depression angeführt werden. Mit einer Lebenszeitprävalenz von 10 bis 18 Prozent und einer Punktprävalenz von bis zu sieben Prozent gehören depressive Störungen zu den häufigsten Erkrankungen. Frauen sind dabei doppelt so häufig betroffen wie Männer. Der Zeitpunkt der ersten Erkrankung liegt bei 50 Prozent der Patienten vor dem 32. Lebensjahr. Depressive Störungen treten auch häufig im Kindes- und Jugendalter auf. Dagegen sind erstmalige Erkrankungen nach dem 56. Lebensjahr mit einem Anteil von zehn Prozent der depressiv Erkrankten selten. Diese Erkrankungen sind aber aufgrund der häufig bei älteren Patienten auftretenden somatischen Komorbidität eine besondere Herausforderung.

Übersicht 3: Qualitätsdefizite in der Struktur der Versorgung der Depression

	Defizit
DS 1	**Fachkompetenz Hausärzte** Hausärzte sind nicht ausreichend fortgebildet, um depressive Störungen zu erkennen und adäquat zu behandeln.
DS 2	**Verfügbarkeit spezialisierter/fachtherapeutischer Versorgung** Ärztliche und psychologische Psychotherapeuten stellen nicht rechtzeitig erforderliche Kapazitäten zur Verfügung
DS 3	**Verfügbarkeit spezialisierter fachtherapeutischer Zentren** Mehr als ein Viertel der Behandlungsfälle werden in somatischen Fachabteilungen behandelt
DS 4	**Fachpsychologische / -psychiatrische Qualifikation somatischer Einrichtungen** Es liegen keine Berichte über die Einbindung von psychiatrischer / psychotherapeutischer Expertise in somatischen Einrichtungen vor.

Quelle: AOK-BV

Das führende Defizit in der Versorgungsstruktur ist die Kompetenz der Hausärzte, depressive Störungen zu erkennen und adäquat zu behandeln. Depressive Störungen werden häufig als Symptome einer somatischen Erkrankung vorgetragen. Falsch negative wie falsch positive Diagnosen sind nicht selten. Ziel muss eine standardisierte, leitliniengestützte Diagnostik sein, mit der an differenzierte Versorgungspfade angeknüpft werden kann. Dabei scheint insbesondere die Verknüpfung zu den Psychotherapeuten im Rahmen der Richtlinien-Psychotherapie mit Gutachterverfahren angesichts durchschnittlicher Wartezeiten von 3 Monaten defizitär.

Die in Debatte genannten Prozessdefizite folgen unmittelbar aus den Strukturdefiziten. Von daher scheinen spürbare Verbesserungen mit wenigen Maßnahmen möglich. Dies sind:

- Eine frühe Diagnosestellung unter Anwendung diagnostischer Instrumente,
- die Einführung leitlinienbasierter Versorgungspfade und
- die Etablierung eines Case-Managements zur Koordination der Behandlung und zur Unterstützung beim Selbstmanagement von chronischer Erkrankung bedrohter Patienten.

Übersicht 4: Qualitätsdefizite der Prozesse bei der Behandlung der Depression

	Defizit
DP 1	**Diagnosestellung** Depressive Störungen werden unterbewertet, einfache Diagnosekriterien werden nicht benutzt, keine systematische Diagnostik
DP 2	**Psychiatrische Expertise (Konsil)** Psychiatrische Expertise zu spät, zu selten, keine klaren Überweisungskriterien in der Praxis
DP 3	**Therapie unzureichend** Nur ein relativ geringer Anteil erhält Psycho- oder medikamentöse Therapie
DP 4	**Adherence / Therapietreue** Unerwünschte Arzneimittelwirkungen führen zum Therapieabbruch durch die Betroffenen, Antriebsverlust nicht ausreichend berücksichtigt
DP 5	**Koordination** Fehlende Koordination bei komplexen Behandlungsprozessen, Case Management bei inaktiven Betroffenen fehlt
DP 6	**Unterstützende Maßnahmen** Unterstützende Institutionen und Maßnahmen werden nicht entsprechend einbezogen
DP 7	**Rehabilitation** Rehabilitation zu selten einbezogen

Quelle: AOK-BV

Darüber hinaus sind die kontinuierliche Fortbildung sinnvoll sowie in der Verordnung des Hausarztes zeitnah verfügbare Kurzinterventionen von Psychotherapeuten zur Verhinderung von Chronifizierung. Muss der beim Hausarzt mit einer Depression diagnostizierte Patient monatelang auf einen Termin beim Psychotherapeuten warten, wird er in vielen auch leichten und vorübergehenden Fällen der Pharmakotherapie zugeführt und eine Krankheitskarriere entwickeln, die ggf. durch eine kurzzeitige Verhaltenstherapie zu vermeiden gewesen wäre.

Notwendige Finanzierung durch den Morbi-RSA

Die seit 2003 in Deutschland erfolgreichen DMP für ausgewählte Volkskrankheiten wurden durch das Vorziehen des M-RSA für eingeschriebene Versicherte fundiert. Seit dem Jahre 2009 ist der M-RSA auf der Grundlage von 80 Erkrankungen eingeführt. Seine Komplettierung und Weiterentwicklung bilden eine eigene Diskussion. In dem Kontext „Innovativer Versorgungsformen" gilt wie angeführt, dass der M-RSA die Rolle der Krankenkassen als Anwalt der Versicherten stützt. Basis dafür ist die versorgungsnahe Modulation des ökonomischen Interesses der Krankenkassen im Hinblick auf die Optimierung der Versorgung. Dabei werden parallel Wirtschaftlichkeitsanreize geschützt, da für die Krankenkasse nicht die tatsächlichen Kosten im M-RSA berücksichtigt werden, sondern die Durchschnittskosten. Somit werden Versorgungsaktivitäten ohne die unerwünschten Effekte eines Ausgabenausgleichs ermöglicht. Auch für Gesunde erhält die Krankenkasse beträchtliche Mittel, so dass erfolgreiche Prävention oben an steht. Wünschenswert ist eine Weiterentwicklung des M-RSA unter Einbezug von Schweregraden der Erkrankung, damit ein Anreiz besteht, nicht nur nach Eintritt der Erkrankung Komplikationen zu vermeiden, sondern auch Schwerkranke optimal zu versorgen.

Jede Krankenkasse muss bei der Produktplanung und – Einführung finanzwirtschaftliche Aspekte beachten. Und gerade weil Produkt-Innovationen im Gesundheitswesen selten kostensparend und im günstigen Falle kostenneutral sind, spielt dabei die Veränderung von Deckungsbeiträgen eine entscheidende Rolle. Aus dieser Sicht stehen für die Krankenkassen qualitätsfördernde Prozessinnovationen im Vordergrund. Ob und wie sie die individuelle Position der Krankenkasse im M-RSA verändern, hängt aber nicht nur davon ab, welche Wirkung die Innovation auf die Individuellen Kosten der Krankenkasse hat, sondern auch, welche Wirkungen davon auf die Normkosten ausgehen, wie sich dies mit Maßnahmen anderer Krankenkassen verhält und welche Gesamtänderungen sich im Gefüge des M-RSA in der jeweiligen Periode insgesamt vollzogen haben. Da die Wirkungen erst mit großem zeitlichem Nachlauf erkennbar werden, kann allein von daher nur eine zielbewusste und bei den Versicherten langfristig erfolgversprechende Produktstrategie der jeweiligen Krankenkasse rational sein.

Dabei wird sich bei vorstoßendem Wettbewerb keine Krankenkasse darauf verlassen können, mit ihrem relativen Gewicht im M-RSA die Normkosten selbst hinreichend zu verändern bzw. die Imitation des Wettbewerbs als sicher einkalkulieren können. Innovation und Risiko sind Geschwister. Die Fähigkeit Wagnisse einzugehen, korreliert dabei mit der Kassengröße. Einerseits im Hinblick auf die Veränderung der Normkosten, andererseits im Hinblick auf die Reaktion des Wettbewerbs.

Fazit

Die Politik in Deutschland hat für die GKV seit 1993 - über wechselnde Koalitionen hinweg und in bemerkenswerter Beharrlichkeit – den Weg zu einer sozialen Wettbewerbsordnung beschritten. Dieser Deutsche Weg ist für viele Länder weltweit beispielgebend. Er sucht wettbewerbliche Spielräume für Innovation und effiziente Versorgungsstrukturen auszubauen, ohne die Sicherstellung einer allgemeinen, bedarfsgerechten und für alle zugängliche Versorgung aus dem Auge zu verlieren oder gar zu gefährden. Ein grundlegendes Fundament dafür ist der morbiditätsorientierte Risikostrukturausgleich. Auch die Schweiz und die Niederlade etwa gehen diesen Weg. Er ermöglicht nicht weit mehr als in der PKV Wahlfreiheit, Wechsel und Wettbewerb auf der Versicherungsseite. Er ermöglicht auch die offene Wahl der Versicherten für besondere Versorgungsformen, ohne dass es dabei zur Risikoselektion und Benachteiligung für Patienten oder Ärzte kommt. Einen weiteren Beleg dafür wird der Bewertungsausschuss leisten, wenn er noch in diesem Jahr die Bereinigungsregelungen für die Gesamtvergütungen verabschiedet.

Die AOK will diese Möglichkeiten im Interesse ihrer Versicherten nutzen. Sie ergänzt die Hausarztzentrierte Versorgung um die besondere fachärztliche Versorgung. Ziel ist, für den Hausarzt eine leitliniengerechte, strukturierte Diagnose zu erleichtern. Auf dieser Grundlage wird für den Patienten, der eine weitergehende fachärztliche Behandlung braucht, zeitnah Zugang zum Facharzt hergestellt.

Der neue Wettbewerb zwischen GKV und PKV. Konfliktfeld

Volker Leienbach

Die Würfel sind gefallen, der neue Bundestag ist konstituiert und die Regierung steht. Mit dem Koalitionsvertrag haben sich Union und FDP ambitionierte Ziele gesetzt. Schwarz-Gelb setzt auf wirtschaftliche Vernunft und soziale Gerechtigkeit. Die neue Koalition spannt einen *„Schutzschirm für die Menschen"* und will mehr Wettbewerb wagen.

Dies gilt auch für das Konfliktfeld „Gesundheitswesen". Der Handlungsdruck ist enorm. Die Finanzierung des demografischen Wandels und des medizinischen Fortschritts konnte bisher nicht zukunftsfest organisiert werden. Der Gesundheitsfonds wird unter anderem durch Schulden finanziert und weitet den staatlichen Einfluss aus. Damit wird der Wettbewerb zwischen der gesetzlichen Krankenversicherung (GKV) und der privaten Krankenversicherung (PKV) erheblich geschwächt. Das ist ein ordnungspolitischer Irrweg.

Der Koalitionsvertrag bringt eine überfällige, aber zunächst einmal nur geplante Kurskorrektur. Auch wenn die Formulierungen noch relativ vage sind, soll in den kommenden Monaten eine Neuordnung mit mehr Beitragsautonomie und weniger Zentralismus für die gesetzliche Krankenversicherung ausgearbeitet werden. Insgesamt sollen die Wettbewerbskräfte wieder zum Tragen kommen. Daran anknüpfend enthält der Vertrag pragmatische Schritte, die die Dualität von PKV und GKV im Gesundheitswesen wesentlich stärken.

Die wichtigsten Beschlüsse aus Sicht der PKV sind:

Bekenntnis zur PKV: *„Neben der gesetzlichen Krankenversicherung sind für uns die privaten Krankenversicherungen als Voll- und Zusatzversicherung ein konstitutives Element in einem freiheitlichen Gesundheitswesen."* Diese Zeilen des Koalitionsvertrages drücken aus, dass sich die bürgerliche Koalition darüber im klaren ist, dass sich die Probleme unseres Gesundheitswesens nachhaltig und generationengerecht nur mit einer starken PKV werden bewältigen lassen. Denn anders als in der PKV wird die Stabilität der GKV heute nur über schuldenfinanzierte Steuern und Umlagefinanzierung auf Kosten der zukünftigen Generationen erhalten. Gerade auf die demografischen Belastungen - wenn immer mehr Menschen immer länger leben und von immer weniger Erwerbstätigen finanziert werden müssen - gibt das System der Umlagefinanzierung keine Antworten. Eine Reform, die das ändern will, muss sich daher auch an der PKV orientieren. Hier hat die PKV Vorbildfunktion.

Mit ihren Alterungsrückstellungen in Höhe von über 134 Milliarden Euro für Kranken- und Pflegeversicherung trägt die private Krankenversicherung maßgeblich dazu bei, dass jede Versicherten-Generation für ihre im Alter steigenden Gesundheitskosten selbst Vorkehrungen trifft, ohne dabei den nachfolgenden Generationen zur Last zu fallen. Zukunftsfähig ist unser Gesundheitssystem nur mit mehr Kapitaldeckung. Die Vision von der Rundumversorgung in der GKV ist eine Illusion. Den Versicherten sollte offen gesagt werden, dass sich die GKV auf ihre Kernaufgaben konzentrieren muss, um langfristig finanzierbar zu sein.

Befreiung von der Drei-Jahres-Frist: *„Ein Wechsel in die private Krankenversicherung wird zukünftig wieder nach einmaligem Überschreiten der Jahresarbeitsentgeltgrenze möglich sein."* Mit diesem Bekenntnis des Koalitionsvertrages wird ein ordnungspolitisch falscher Weg revidiert, der mit dem außerordentlichen Anstieg der Jahresarbeitsentgeltgrenze im Jahr 2003 begonnen hat (seit dem Jahr 2000 ist die Jahresarbeitsentgeltgrenze unverhältnismäßig hoch um über 26 % angestiegen) und mit der Verabschiedung des GKV-Wettbewerbsstärkungsgesetzes (Drei-Jahres-Frist) fortgesetzt worden ist. Gerade die heute geltende Drei-Jahres-Frist, die Einschränkung des Marktzugangs in die PKV durch das Erfordernis des dreimaligen Überschreitens der Jahresarbeitsentgeltgrenze, beeinträchtigt den Wettbewerb an der Grenze zwischen GKV und PKV massiv. Die verlängerte Wartezeit führt wegen eines erhöhten Eintrittsalters in die PKV und einer damit einhergehenden kürzeren Zeit zum Aufbau von Alterungsrückstellungen zu höheren Prämien. Und: Bislang privat versicherte Selbstständige, die in ein Beschäftigungsverhältnis eintreten, werden in Konsequenz der Regelung unabhängig von ihrem Einkommen für mindestens drei Jahre versicherungspflichtig in der GKV. Umgekehrt werden Arbeitnehmer, die wegen Überschreitens der Jahresarbeitsentgeltgrenze nicht versicherungspflichtig waren und sich privat versichert haben, bei Unterschreitung der Jahresarbeitsentgeltgrenze sofort wieder als versicherungspflichtig eingestuft. Das ist es nicht, was die Menschen wollen. Diese Regelung ist lebensfremd und widerspricht jedem Verständnis von Wahlfreiheit und fairem Wettbewerb zwischen privater und gesetzlicher Krankenversicherung.

Nach alter Rechtslage bestand Versicherungsfreiheit ab dem Ablauf des Kalenderjahres, in dem die Jahresarbeitsentgeltgrenze erstmalig überschritten wurde (§ 6 Abs. 4 SGB V a. F.). Nahm jemand erstmals eine Beschäftigung auf, in der von vornherein die Jahresarbeitsentgeltgrenze überschritten wurde, bestand von Anfang an keine Versicherungspflicht, sondern Versicherungsfreiheit. Diese Freiheit muss wieder hergestellt werden.

Basistarif-Beobachtungspflicht: *„Wir werden die Entwicklung im Basistarif der privaten Krankenversicherung beobachten. Das Verhältnis von reduzierten Beiträgen im Basistarif aufgrund von Hilfebedürftigkeit und dem Abschluss privater Zusatzversicherungen wird überprüft."* Dieses Bekenntnis des Koalitionsvertrages zur Beobachtungspflicht im Basistarif ist für die PKV von großer Bedeutung. Denn der Basistarif ist für die PKV ein Fremdkörper im Leistungsangebot und stellt einen ernsten Versuch dar, die private Krankenversicherung in Richtung Bürgerversicherung weiterzuentwickeln.

Der Basistarif ist ein gesetzlich definiertes Produkt, das nach Art, Umfang und Höhe mit den Leistungen der GKV vergleichbar sein muss. Darüber hinaus schreibt das Gesetz für den Basistarif einen Kontrahierungszwang, einen Verzicht auf individuelle Risikozuschläge sowie mehrstufige Beitragslimitierungen vor. Dass Vorerkrankungen bei Versicherungsbeginn im Basistarif keine Rolle spielen und keine individuellen Risikozuschläge erhoben werden, ist für die Betroffenen erfreulich, führt aber im Umkehrschluss dazu, dass im Basistarif eine Deckungslücke entsteht. Dieses Defizit im Basistarif geht letztlich auf Kosten der Bestandsversicherten in der PKV. Weil der Basistarif somit von seiner Anlage her subventionsbedürftig ist, kann das zu dem aberwitzigen Ergebnis führen, dass Privatversicherte mit niedrigen Einkommen einen Tarif für andere Versicherte mit hohen Einkommen mitfinanzieren, wenn diese sich dazu entschließen - eventuell kombiniert mit einer Zusatzversicherung für höherwertige Leistungen - in den beitragslimitierten Basistarif zu wechseln.

Für die private Krankenversicherung insgesamt könnte eine gefährliche Erosions-Spirale in Gang gesetzt werden. Inzwischen sind über 12.000 Menschen im Basistarif versichert (Stand 9/2009). Je mehr Menschen den Basistarif nutzen, umso mehr steigt die Subventionslast und umso stärker müssen die Beiträge für Altversicherte angehoben werden. Solche Beitragserhöhungen bewegen dann womöglich weitere Privatversicherte zum Wechsel in den Basistarif, weil sie dort vom Subventionsgeber zum Subventionsempfänger werden.

Nun bekennt sich die Koalition zu der vom Bundesverfassungsgericht vorgegebenen Beobachtungspflicht, um bei einer unfairen Lastenverschiebung durch den Basistarif das Gesetz nachzubessern. Dazu gehört eine Überprüfung der nicht zu billigenden Kombination aus beitragslimitierten Prämien im Basistarif und Zusatzversicherungen genauso wie eine Lösung für das Problem der Beitragslücke für Hilfebedürftige (siehe Box: ALG-II-Empfänger im Basistarif). Korrekturen an diesen Stellen stärken die Versichertengemeinschaft insgesamt und sind zu begrüßen, weil sie unter anderem dafür Sorge tragen, dass der Staat nicht aus der Verpflichtung entlassen wird, für das Existenzminimum der Bevölkerung Sorge zu tragen.

Box: ALG-II-Empfänger im Basistarif

Versicherte im Basistarif, bei denen Hilfebedürftigkeit durch die Zahlung des Krankenversicherungsbeitrages entstehen würde, haben infolge des GKV-WSG einen Anspruch auf Halbierung des Höchstbeitrages von 581,25 Euro. Würde auch durch Zahlung des halbierten Beitrages bei dem Betroffenen Hilfebedürftigkeit entstehen, beteiligt sich die Sozialhilfe im erforderlichen Umfang, nötigenfalls sind das derzeit 290,63 Euro.

Im Unterschied dazu hat der Gesetzgeber für die Menschen, bei denen die Hilfebedürftigkeit unabhängig von der Beitragszahlung besteht, folgendes geregelt: 1. Halbierung des Beitrages 2. Beteiligung der Sozialhilfe bzw. der Bundesagentur für Arbeit in Höhe des ALG II-Zuschusses für die GKV in Höhe von 131,34 Euro. Diese Ungleichbehandlung der ‚ganz Armen' (die nicht erst durch die Beitragsforderung überfordert werden) im Verhältnis zu den ‚etwas weniger Armen' führt zu einer rechnerischen Differenz von 159,29 Euro (290,63 minus 131,34). Auf diesen Betrag lässt der Staat zurzeit die sehr Hilfebedürftigen sitzen.

Die soziale Absicherung des Existenzminimums von Hilfebedürftigen ist ordnungspolitisch aus allgemeinen Haushaltsmitteln zu finanzieren. Schon bei der Beitragskappung im Basistarif sowie bei der Beitragshalbierung entzieht sich der Sozialstaat der Verantwortung, weil die Versichertengemeinschaft zur Bezahlung einer genuin sozialstaatlichen Aufgabe herangezogen wird. Diese Sicht entspricht auch dem Urteil des Bundesverfassungsgerichts vom 13. Februar 2008, das den seit 01. Januar 2010 geltenden Steuerabzug der Krankenversicherungsbeiträge zur Folge hatte. Demnach gehören die Beiträge zur Krankenversicherung auf dem Absicherungsniveau analog zur Sozialhilfe zum verfassungsrechtlich geschützten Existenzminimum, das von der Einkommensteuer verschont bleiben muss. Nach dieser Logik besteht bei Sozialhilfe und ALG-II dementsprechend ein verfassungsrechtlicher Anspruch gegen den Staat, dass das Existenzminimum gewährt wird.

Abgrenzung von Wahl- und Zusatztarifen: *„Wir werden bei den Wahltarifen der gesetzlichen Krankenversicherung die Abgrenzung zwischen diesen beiden Versicherungssäulen klarer ausgestalten und die Möglichkeiten ihrer Zusammenarbeit beim Angebot von Wahl- und Zusatzleistungen erweitern."* Dieses Plädoyer des Koalitionsvertrages für eine bessere Abgrenzung zwischen den

Versicherungssäulen bei den Wahltarifen ist aus Sicht der privaten Krankenversicherung ausdrücklich zu begrüßen. Worum geht es hier?

Mit dem Start der letzten Gesundheitsreform im Jahr 2007 können gesetzlich Versicherte neben ihrem Grundschutz bei ihrer Kasse so genannte Wahltarife vereinbaren. Neben einem Pflichtangebot zum Beispiel für Hausarztversorgung können gesetzlich Versicherte auch freiwillige Angebote mit Selbstbehalten oder Beitragsrückerstattung in Anspruch nehmen. Dafür müssen sich diese Kunden im Gegenzug bis zu drei Jahre an ihre Krankenkasse binden. Sie haben in dieser Zeit kein Recht, ihren Anbieter in Richtung einer anderen Kasse oder in Richtung der PKV zu verlassen.

Viele der neuen Wahltarife sprechen in erster Linie „gute Risiken" an. Dem gesetzlichen System werden damit Mittel entzogen, die für die Subventionierung der „Kranken" notwendig wären. Damit wird eine deutliche Abkehr vom Solidarprinzip in der GKV vollzogen. Mit dem Segen von Aufsichtsbehörden können die Krankenkassen aber noch einen erheblichen Schritt weiter gehen. Zusätzlich ist es ihnen nämlich erlaubt, stationäre Wahlleistungstarife für Chefarztbehandlung und besondere Unterbringung im Zweibettzimmer anzubieten. Auch Reisekrankenversicherungen sollen die Kassen vertreiben dürfen. Damit bewegt sich die gesetzliche Krankenversicherung endgültig außerhalb ihres gesetzlichen Versorgungsauftrags, der die Sicherstellung medizinisch notwendiger Gesundheitsleistungen vorsieht. Sie begibt sich auf ein Geschäftsfeld, das den Unternehmen der privaten Krankenversicherung zugewiesen ist und einen Kern ihrer Geschäftstätigkeit ausmacht.

Wahl- und Zusatztarife haben in einer Sozialversicherung nichts zu suchen. Das Solidaritätsprinzip im Verständnis der GKV wird auf den Kopf gestellt. Wahl- und Zusatztarife sind im Umlageverfahren nicht seriös kalkulierbar. Sie sind nicht kostendeckend und müssen letztlich von allen gesetzlich Versicherten quersubventioniert werden. Anders die gesetzliche Kalkulationsgrundlage in der PKV – Kalkulationsverordnung, Versicherungsaufsichtsgesetz und Treuhänder bieten den Versicherten eine verlässliche Beitragsgrundlage. Wahl- und Zusatztarife sind ausschließlich die klassische Aufgabe der PKV.

Novellierung der Gebührenordnungen: *„Die Gebührenordnung für Ärzte (GOÄ)/für Zahnärzte (GOZ) wird an den aktuellen Stand der Wissenschaft angepasst. Dabei sind Kostenentwicklungen zu berücksichtigen."* Die hier skizzierte Intention des Koalitionsvertrages ist unmissverständlich. Bei den anstehenden Novellierungen der Gebührenordnungen für Zahnärzte (GOZ) und Ärzte (GOÄ) müssen Kostengesichtspunkte berücksichtigt werden. Die Vergangenheit hat nämlich gezeigt, dass die Leistungsausgaben in der PKV insgesamt deutlich stärker steigen als in der Gesetzlichen Krankenversicherung. Dies gilt insbesondere für den Bereich der ärztlichen Leistungen, den größten Kostenblock der PKV. Dort stiegen die Ausgaben von 1986 bis 2009 um über 310 Prozent, während die Versichertenzahlen um lediglich zirka 45 Prozent zulegten.

Diese Entwicklung darf nicht ungebremst weitergehen, wenn nicht das private Sicherungssystem als Ganzes Schaden nehmen soll. Die private Krankenversicherung erwartet deshalb, dass sie wirkungsvolle Handlungsinstrumente bekommt. Unser Ziel ist, in fairer Partnerschaft mit Ärzten und anderen Leistungserbringern stärker Einfluss auf Qualität, Mengen und Preise von Gesundheitsleistungen zu nehmen. Dazu bedarf es Vertragskompetenzen, eingebettet in einen entsprechenden Rechtsrahmen zur Sicherstellung einer angemessenen Vergütung. In der GOÄ und GOZ müssen deshalb durch Öffnungsklauseln Spielräume für leistungsgerechte und angemessene Honorierungen geschaffen werden.

Zur Entfaltung dieser Spielräume bedarf es Vertragsfreiheit zwischen Ärzteschaft und PKV innerhalb eines gesetzlichen Rahmens, weil sonst jede branchenweite Vereinbarung mit dem Kartellrecht in Konflikt käme. Dass es funktionieren kann, sobald ein klarer rechtlicher Rahmen gegeben ist, beweisen die Verträge des PKV-Verbands mit inzwischen rund 1.400 Krankenhäusern über transparente und angemessene Vergütungen der „Wahlleistung Unterkunft" für Privatpatienten. Mittlerweile gibt es einen regelrechten Boom bei der Verbesserung der Unterkunftsleistungen der Krankenhäuser. Eine solche Entwicklung ist auch in vielen anderen Leistungsbereichen möglich.

Kapitaldeckung in der Pflegeversicherung: *„Daher brauchen wir neben dem bestehenden Umlageverfahren eine Ergänzung durch Kapitaldeckung, die verpflichtend, individualisiert und generationengerecht ausgestaltet sein muss. Eine interministerielle Arbeitsgruppe wird dazu zeitnah einen Vorschlag ausarbeiten."*

In der Bevölkerung stehen immer mehr alte immer weniger jungen Menschen gegenüber. Die Geburtenrate in Deutschland ist rückläufig und die Lebenserwartung steigt an. Der demografische Wandel hat enorme Auswirkungen auf die Pflegeversicherung. Das weiß auch die Bevölkerung: 70 % der Deutschen halten deshalb die Einführung einer privaten Zusatzversicherung in der Pflegevorsorge für notwendig. Und: 58 % aller Befragten beziehungsweise 79 % der 25- bis 35jährigen wären persönlich bereit, eine private Zusatzversicherung abzuschließen (Quelle: dimap 2/2007). Nun will auch die neue Koalition umsteuern.

Die PKV hält einen Umstieg auf Kapitaldeckung in der Pflegeversicherung für unumgänglich. Das Pflegerisiko ist ein altersabhängiges und im höheren Alter stark ansteigendes Risiko. Kommen heute vier bis fünf Pflegebedürftige auf 100 Erwerbstätige, so wird dieses Verhältnis 2050 bereits 14 zu 100 betragen. Ohne Umstieg auf Kapitaldeckung wird die Lastenverschiebung der umlagefinanzierten Pflegeversicherung auf die nachfolgenden Generationen ungebremst fortgesetzt. Das ist gegenüber den Jüngeren zutiefst ungerecht und zeugt von einem falschen Verständnis von Gerechtigkeit.

Die PKV hält eine freiwillige oder obligatorische Lösung bei eventuell gleichzeitiger steuerlicher Förderung grundsätzlich für einen geeigneten Weg zur Umstellung der Pflegeversicherung auf Kapitaldeckung. Doch damit das funktioniert, muss dieser Kapitalstock unbedingt staatsfern angelegt werden. Wie wichtig diese Staatsferne ist, zeigt ein Beispiel aus der Startzeit der gesetzlichen Pflegeversicherung. Als diese Mitte der neunziger Jahre noch über 2,8 Milliarden Euro Reserven verfügte, wurde sie genötigt, über eine halbe Milliarde davon als zinslosen „Kredit" für die Infrastruktur in den neuen Bundesländern zu geben. Im Klartext: Da wurden mit dem Geld der Pflegeversicherten Straßen gebaut. So etwas muss in einer kapitalgedeckten Versicherung absolut ausgeschlossen sein.

Die private Pflegeversicherung bringt die idealen Voraussetzungen für den staatsfernen Ausbau der Kapitaldeckung in der Pflegeversicherung mit. Nur sie verfügt über vierzehnjährige Expertise in der Kalkulation des Pflegerisikos und hat ebenso lange Erfahrungen bei der Qualitätssicherung und Pflegeberatung. Nur mit kapitalgedeckter Vorsorge ist der absehbare Anstieg der Pflegekosten zu bewältigen. Die Solidarität zwischen den Generationen ist ein Gebot der Stunde. Das Engagement der PKV in diesem gesellschaftlich wichtigen Bereich dokumentiert sich auch in der erfolgreichen Gründung der COMPASS Private Pflegeberatung im Vorjahr sowie ganz aktuell in der Stiftung des „Zentrum für Qualität in der Pflege".

Stärkung der Präventionsstrukturen: *„Unsere Präventionsstrategie wird Vorhandenes bewerten und aufeinander abstimmen [...]. Dazu bedarf es einer klaren Aufgaben- und Finanzverteilung unter Berücksichtigung und Stärkung der vorhandenen Strukturen."*

Die PKV engagiert sich seit 2005 erfolgreich in der Aidsprävention und seit 2009 in der Prävention von Alkoholmissbrauch bei Kindern und Jugendlichen. Sie erfüllt ihre gesellschaftliche Verantwortung ohne politischen Zwang und gesetzliche Regelungen. Dieses wichtige freiwillige Engagement in Höhe von rund 14 Mio. € jährlich kann jetzt fortgesetzt werden.

Fazit und Schlussfolgerung: Mit dem Koalitionsvertrag bringen Union und FDP den überfälligen Richtungswechsel in der Gesundheitspolitik: Hin zu mehr Gestaltungsfreiheit für die Bürger und für die Beteiligten im Gesundheitswesen, weg von einem Trend zum Einheitssystem mit immer mehr Staatseinfluss. Die PKV hätte sich zwar an manchen Stellen mehr Klarheit gewünscht, aber in der Gesamtbetrachtung werden die Wettbewerbskräfte der Sozialen Marktwirtschaft zum Vorteil der Versicherten und Patienten gestärkt. Die im Koalitionsvertrag festgeschriebenen Eckpunkte sind zukunftsweisend. Es sind konkrete, pragmatische Schritte, die dem eigenen programmatischen Anspruch von Union und FDP – für mehr Wahlfreiheit, mehr Wettbewerb und mehr Eigenverantwortung – gerecht werden. Nun kommt es auf die konkrete Umsetzung in den Gesetzgebungsverfahren an. Wann die Koalition die einzelnen Punkte anpacken will, ist noch nicht bekannt. Fest steht aber: Die private Krankenversicherung wird sich im Dialog mit der Politik konstruktiv daran beteiligen.

Die künftige Sicherstellung der Pflege in strukturschwachen Regionen

Adelheid Kuhlmey

Einleitung

Wieder suchte eine Tagung nach Orientierungen für die Gesundheitsversorgung der Zukunft. Dass dabei zunehmend auch die Pflege mittun darf, verdankt sie der wachsenden Zahl älterer und alter Patienten in den Gesellschaften des langen Lebens. Denn Pflege wird vor allem im Alter gebraucht. Vielleicht führen wir auch deshalb, die Altersdebatte so glücklos. Wir freuen uns nicht über die Tatsache, das Privileg des langen Lebens erkämpft zu haben. Altwerden ist sicher geworden; Altsein eine Zumutung. Es gibt u.a. aus diesem Grund in den Gesellschaften des langen Lebens nicht nur einen Mangel an neuen Finanzierungsquellen für die alten sozialen Systeme, sondern vor allem einen Mangel an Rollen- und Leitbildern für immer mehr Alte. „Anti-Aging" ist dann folgerichtig die Antwort der hochtechnisierten Welt. Gegen das Alter gelte es anzugehen, mit modernen Mitteln müsse es bekämpft werden. Aus diesem Grund - so die Ausgangsthese dieses Beitrages - fehlt dem Zukunftsbild der pflegerischen Versorgung älterer und alter Menschen vor allem eines - ein Konsens darüber, was Gesundheit und angemessenes Leben im hohen Alter überhaupt ist.

Von dieser These ausgehend befasst sich der Beitrag zuerst mit den Erfolgen des Alterns. Die Risiken, die sich mit einem langen Leben ebenso verbinden, werden zweitens am Beispiel von Multimorbidität und Pflegebedürftigkeit diskutiert. Vor dem Hintergrund einer relativierenden Perspektive auf die Gesundheit im Alter werden drittens die pflegerischen Entwicklungsherausforderungen genannt, die dazu beitragen können, die Pflege auch in strukturschwachen Regionen sicher zu stellen.

1. Altern und Gewinn an Gesundheit

Der Wert des demographischen Alterns zeigt sich u.a. in der Entwicklung der sogenannten ferneren Lebenserwartung.

Die Tatsache, dass die durchschnittlich noch erwartbare Lebenszeit 80-jähriger für deutsche Frauen weit über 8 Jahre, für Männer beinahe 7 Jahre beträgt, ist ein demographischer Siegeszug (Statistisches Bundesamt 2008) (vgl. Abb. 1).

Abb. 1: Fernere Lebenserwartung von Frauen und Männern in Deutschland

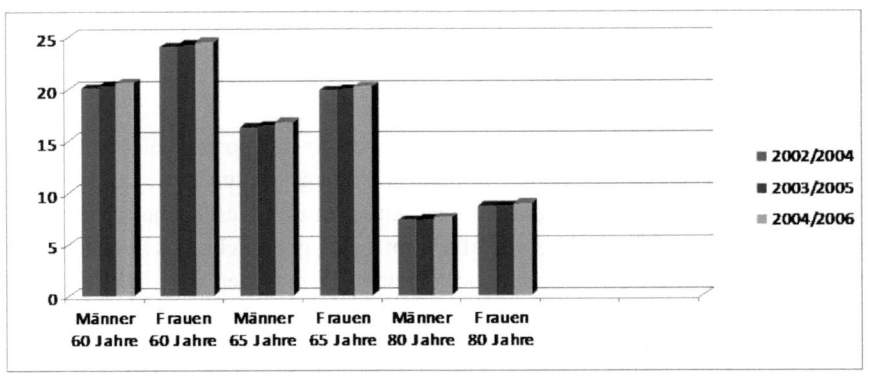

Quelle: Statistisches Bundesamt 2008

Menschen über achtzig Jahre stellen den am schnellsten wachsenden Teil der Bevölkerung dar. So steigt der Altenquotient „85" in der Variante „mittlere" Bevölkerung (Untergrenze) von 3,22 im Basisjahr bis 2050 auf 15,92 d. h. auf beinahe das 5fache. Auf Basis der Variante „relativ alte" Bevölkerung nimmt er sogar auf das über 6fache zu (Statistisches Bundesamt 2006, SVR 2009) (vgl. Tab.1).

Tabelle 1: Altenquotient „85"[1]

Jahr	„relativ junge" Bevölkerung	„mittlere" Bevölkerung		„relativ alte" Bevölkerung
	Variante 3 – W2	Untergrenze Variante 1 - W1	Obergrenze Variante 1 - W2	Variante 6 - W1
2006	3,22	3,22	3,22	3,22
2010	3,86	3,87	3,86	3,89
2020	5,25	5,35	5,25	5,69
2030	7,55	7,86	7,56	8,90
2040	9,61	10,38	9,74	12,32
2050	14,07	15,92	14,58	19,71

Quelle: Statistisches Bundesamt 2006, SVR 2009

---

[1] 85-Jährige und Ältere je 100 Personen im Alter von 20 bis unter 65 Jahren

Diese Relationen verdeutlichen bereits, dass die demographische Entwicklung das Gesundheitswesen und hier vor allem die Pflege künftig vor erhebliche Herausforderungen stellt; Herausforderungen, die bestimmte Regionen Deutschlands insbesondere betreffen. Die einzelnen Bundesländer weisen schon 2005, d. h. zum Basiszeitpunkt der Prognose, spürbar divergierende Altenquotienten auf (Statistisches Bundesamt 2007, SVR 2009 (vgl. Tab. 2).

Tabelle 2: Altenquotient „85"[2] in den Bundesländern

	2005	2015	2025	2040	2050
Baden-Württemberg	2,91	4,35	6,68	9,67	15,21
Bayern	2,93	4,28	6,37	9,18	14,33
Berlin	2,54	3,41	6,15	8,87	13,88
Brandenburg	2,28	4,24	8,76	13,90	23,72
Bremen	3,53	4,92	6,85	8,52	11,64
Hamburg	3,09	3,98	5,58	7,30	11,85
Hessen	2,91	4,48	6,66	10,03	15,42
Mecklenburg-Vorpommern	2,08	4,26	8,79	12,97	19,95
Niedersachsen	3,14	4,68	7,17	10,12	15,43
Nordrhein-Westfalen	2,80	4,42	6,49	9,02	13,83
Rheinland-Pfalz	2,95	4,59	6,70	9,91	15,15
Saarland	2,76	4,66	7,11	10,09	14,74
Sachsen	3,29	5,90	10,06	13,75	19,32
Sachsen-Anhalt	2,69	5,17	9,47	13,84	20,20
Schleswig-Holstein	3,26	4,53	7,47	10,27	15,66
Thüringen	2,53	4,90	8,99	13,73	20,34
Deutschland	2,86	4,49	6,99	9,96	15,26

Quelle: Statistisches Bundesamt 2007, SVR 2009

Bei dem Altenquotient „85" zeigt sich, dass im Basisjahr 2005 die geringere Lebenserwartung in den neuen Bundesländern tendenziell zu niedrigeren Werten führt. So weisen Mecklenburg-Vorpommern, Brandenburg und Thüringen die niedrigsten Altenquotienten „85" auf[3]. Da die Prognose aber davon ausgeht, dass die Lebenserwartung in den neuen Bundesländern schnell das bundesdeut-

---
[2] 85-Jährige und Ältere je 100 Personen im Alter von 20 bis unter 65 Jahren, gerundete Daten als Ausgangsbasis
[3] Dies gilt lediglich nicht für Sachsen und Sachsen-Anhalt.

sche Niveau erreicht, nehmen diese Länder auch beim Altenquotient „85" bald die Spitzenpositionen ein. Im Jahre 2050 rangiert Brandenburg mit 23,72 vor Thüringen mit 20,34 und Sachsen-Anhalt mit 20,20 an der Spitze. Die letzten Plätze in dieser Skala nehmen Bremen und Hamburg mit den vergleichsweise günstigen Altenquotienten 11,64 bzw. 11,85 ein.

Ein langes Leben wird immer häufiger zur individuellen und sozialen Realität und das persönliche Erreichen eines Alters von über 80 bis 100 Jahren eher die Regel als die Ausnahme. Der Streit darüber, in welchem Gesundheitszustand die Menschen die gewonnenen Lebensjahre verbringen, ist nicht entschieden. Und doch häufen sich die Befunde, denen zufolge das handicapfreie Alter stärker als die gesundheitlich eingeschränkte Lebensphase wächst.

Schon vor 10 Jahren zeigte Dinkel (1999) auf der Basis von Kohortendaten des Mikrozensus, dass der Gesundheitszustand der deutschen Bevölkerung sich verbesserte. Der Anteil der gesunden Jahre zwischen dem 59. und 77. Altersjahr lag bei den 1907 geborenen noch bei 72 % und beim Jahrgang 1919 bei 77 %. Der Amerikaner Fries publizierte u.a. 2003 auf der Grundlage nationaler Surveys für die USA eine Kompression bei unterschiedlichen Schweregraden der Behinderung. Seine Daten zeigen ein Sinken der Behinderungen bei Personen über dem 65 Lebensjahr in einem 15-Jahreszyklus von 26 % auf 19 %.

Die beschwerdefreie Lebenserwartung – ermittelt für Frauen und Männer einiger EU-Länder im Jahr 2003 – gibt für Deutschland relativ hohe Werte an (vgl. Abb.2).

Dies alles sind Gewinne, die u.a. auch aus den Ausgaben für die medizinische und pflegerische Versorgung resultieren, die so gesehen Investitionen in das Humankapital und damit in die Fähigkeit zu einem gesunden und selbständigen Leben im Alter sind.

Abb. 2: Beschwerdefreie Lebenserwartung im Jahr 2003

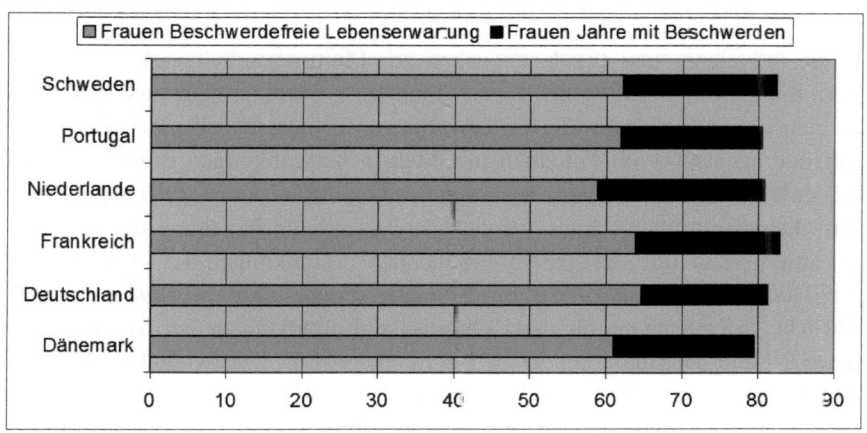

Quelle: Robert Koch-Institut 2006

2. Multimorbidität und Pflegebedürftigkeit als besondere Anforderung an die Versorgung

Die Verluste an Gesundheit und an Selbständigkeit, die sich ebenso mit dem demographischen Altern verbinden wie der Zugewinn an gesunden Lebensjahren, werden dazu führen, dass der Anteil der Ressourcen, die für den Gesundheitssektor verwendet werden, weiter steigt (Kuhlmey 2009). Denn die allgemeine Verlängerung des Lebens hängt eng mit einer spezifischen Krankheitslast älterer und alter Menschen zusammen. Dazu gehören geriatrische Phänomene wie Multimorbidität und Pflegebedürftigkeit.

Multimorbidität ist das Auftreten und Bestehen von mehreren Erkrankungen gleichzeitig, deren Bedeutung für die Wiederherstellung von Gesundheit nicht in eine Hierarchie gebracht werden können. Die Beurteilung der Krankheitslast durch die Betroffenen ist abhängig vom Erkrankungsmuster, der zeitlichen Entwicklung sowie von sozialen Faktoren (Starfield 2006). Im Gegensatz zur Komorbidität ist Multimorbidität von einer Grunderkrankung (Indexerkrankung) unabhängig (van den Akker et al. 1996). Zusätzlich treten in das Krankheitsgeschehen emergente Syndrome wie beispielsweise Inkontinenz, Verwirrtheit, Sturzgefährdung und komplexe Schmerzzustände und es entstehen Funktionseinschränkungen und Behinderungen für den Patienten, die sich auf seine Fähigkeiten, den Alltag zu bewältigen, auswirken.

Die Prävalenz- und Inzidenzangaben zur Multimorbidität variieren je nach Definition, Zahl und Art der eingeschlossenen Erkrankungen und der untersuchten Gruppe. Nahezu alle Untersuchungen zeigen jedoch einen erstaunlich hohen Prozentsatz von Patienten mit Mehrfacherkrankungen bezogen auf die Gesamtbevölkerung. So liegt nach der Berliner Altersstudie, einer repräsentativen Querschnittuntersuchung 70-jähriger und älterer Patienten, die Prävalenz von mindestens fünf gleichzeitig bestehenden Erkrankungen bei 88 % (Steinhagen-Thiessen/Borchelt 1996). Im Bundesgesundheitssurvey 1998 wurde die jährliche Prävalenzrate für zwei chronische Erkrankungen bei Männern zwischen 18 und 79 Jahren auf 39 %, bei Frauen auf 57 % geschätzt (Beyer et al. 2007). Der telefonische Gesundheitssurvey (GStel03), eine zwischen September 2002 und März 2003 vom Robert-Koch-Institut durchgeführte standardisierte telefonische Befragung, untersuchte eine repräsentative Stichprobe der (nicht in Institutionen lebenden) erwachsenen Wohnbevölkerung (18 Jahre und älter) mit Festnetz (n=8.318) zu chronischen Erkrankungen. In Bezug auf Multimorbidität wurde mittels eines summarischen Ansatzes ein Multimorbiditätsindex aus verschiedenen Diagnosen gebildet (Kohler/Ziese 2004). Folgende Krankheiten bzw. Krankheitsbereiche wurden zusammengefasst:

- Schlaganfall,
- Herz-Kreislaufkrankheiten (Herzinfarkt, Angina pectoris, Herzinsuffizienz, Herzrhythmusstörungen),
- Atemwegserkrankungen (Asthma bronchiale, chronische Bronchitis),
- Krebserkrankungen,
- Rückenbeschwerden (unabhängig von der Chronifizierung),
- Depression (unabhängig vom Prävalenzzeitraum),
- Diabetes mellitus,
- alle Formen der Hepatitis,
- Hauterkrankungen (Psoriasis),
- Erkrankungen der Sinne (Schwindel, Ohrgeräusche)
- und Augenerkrankungen (grauer und grüner Star, Makuladegeneration).

Tabelle 3 zeigt unter Berücksichtigung dieses Multimorbiditätsindexes eine deutliche Zunahme von Multimorbidität mit steigendem Alter bei beiden Geschlechtern. Etwa die Hälfte der über 65-jährigen Bundesbürger weist demnach drei oder mehr relevante chronische Erkrankungen auf.

Tabelle 3: Multimorbiditätsindex im GStel03

Teilgruppe	Krankheiten in ... Bereichen (in %)			
	0	1-2	3-4	> 4
Männlich (gesamt)	20,0	58,6	18,8	2,6
18-29 Jahre	27,9	59,6	12,5	0
30-39 Jahre	24,0	63,1	12,4	0,6
40-65 Jahre	16,4	59,8	20,7	3,1
Über 65 Jahre	9,4	45,5	36,2	8,9
Weiblich (gesamt)	13,8	54,3	25,7	6,2
18-29 Jahre	18,2	63,7	17,1	1,0
30-39 Jahre	16,8	61,7	19,5	2,0
40-65 Jahre	13,2	54,5	26,5	5,8
Über 65 Jahre	7,1	37,1	39,3	16,4
Insgesamt	16,8	56,4	22,4	4,5

Quelle: Kohler/Ziese 2004

Multimorbidität wirkt sich negativ auf die Lebensqualität und den subjektiven Gesundheitszustand aus. Insbesondere jenseits des 80. Lebensjahres kommt es häufig in der Folge von Mehrfacherkrankung zu Hilfeabhängigkeit und Pflegebedürftigkeit.

Pflegebedürftigkeit ist ein Zustand höchster körperlicher, psychischer und sozialer Vulnerabilität. Ein Mensch ist von Pflege und Hilfe abhängig, wenn er aufgrund körperlicher, geistiger oder seelischer Krankheit die notwendigen und regelmäßig wiederkehrenden Verrichtungen im Alltag nicht mehr allein bewältigen kann.

Derzeit gelten 2,13 Millionen Bundesbürger als pflegebedürftig im Sinne des SGB XI (Statistisches Bundesamt 2007a; DZA 2007) (vgl. Abb. 3). 82 % aller Pflegebedürftigen ist 65 Jahre alt oder älter, wobei jeder Dritte das 85. Lebensjahr bereits erreicht oder überschritten hat. Zugleich belegen Analysen der altersspezifischen Pflegequote, dass sie ab einem Lebensalter von 72 Jahren erstmals 5 % beträgt und danach deutlich ansteigt, so dass das Pflegerisiko unter den 80- bis 85-Jährigen bereits 20,3 % und im Alter zwischen 90 und 95 Jahren sogar 60,8 % beträgt. Heute sind pflegebedürftige Männer im Mittel 68 Jahre, auf pflegerische Versorgung angewiesene Frauen 79 Jahre alt. Darüber hinaus sind Frauen sehr viel stärker von Pflegebedürftigkeit betroffen und ihr Pflegebedarf wächst im Alter deutlich schneller als bei Männern (DZA 2007).

Abb. 3: Pflegebedürftige nach Alter und Geschlecht im Jahr 2005

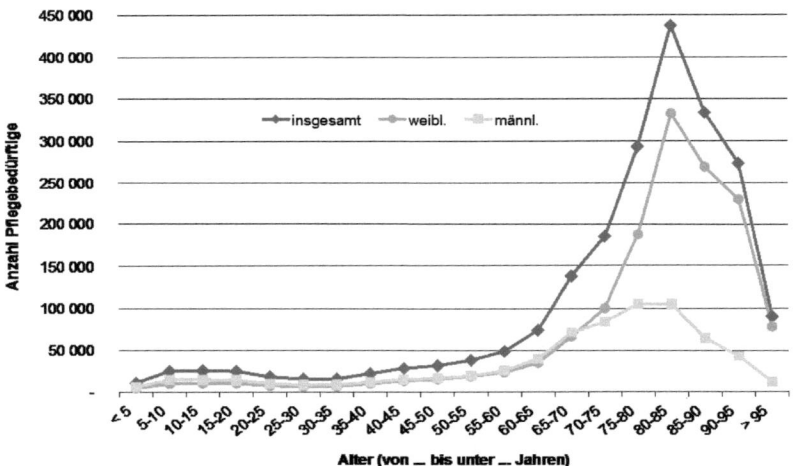

Quelle: Statistisches Bundesamt 2007a

Was bedeutet es für die betroffenen Frauen und Männer pflegebedürftig zu sein, welche Einschränkungen ihres Alltags müssen sie bewältigen? Durch die Studien zu „Möglichkeiten und Grenzen selbständiger Lebensführung" (MuG), die sowohl für die Situation in Privathaushalten als auch für die stationäre Versorgung durchgeführt wurden, stehen Ergebnisse zur Verfügung, die auf das Ausmaß der Vulnerabilität der eingetretenen Lebenssituation zeigen. Die schwerwiegendsten Einschränkungen in den Alltagsverrichtungen zeigen sich beim Duschen/Waschen, gefolgt von An- und Ausziehen, der Toilettennutzung und der Nahrungsaufnahme. Hinsichtlich der instrumentellen Aktivitäten verursacht das Einkaufen die größte Abhängigkeit, gefolgt von Saubermachen, Mahlzeitenzubereitung und der Regelung finanzieller Angelegenheiten. Das Ausmaß der funktionellen Einschränkungen zeigt sich in den Befunden aus der stationären Versorgung pflegebedürftiger Menschen noch deutlicher. Fast 90 % der Bewohner haben Schwierigkeiten mit dem Duschen und Waschen. Schwierigkeiten beim An- und Ausziehen, Wasser/Stuhl halten, alleiniger Toilettennutzung und im Zimmer umhergehen weisen jeweils mehr als 50 % der Bewohner auf und knapp 40 % können nicht mehr eigenständig Essen und Trinken (Schneekloth 2006). Neben diesen Beeinträchtigungen, die vor allem den Bereich der Mobilität umfassen, leiden Pflegebedürftige unter ihrer eingeschränkten kognitiven Leistungsfähigkeit. Diese Einschätzung wird durch die Daten aus MuG IV zur Selbstständigkeit in stationären Einrichtungen unterstützt. Knapp 60 % der Bewohner sind häufig oder gelegentlich unfähig zur Lösung von Alltagsproblemen, über 50 % antriebsarm oder niedergeschlagen, immer noch knapp 50 % zeigen sich häufig oder gelegentlich unfähig, ihre Grundbedürfnisse wahrzunehmen, sind räumlich unzureichend orientiert und bedürfen einer andauernden Überwachung. Eine gelegentlich oder häufig unzureichende Orientierung zu Personen wiesen knapp 40 % auf und immer noch zwischen 30 % und 35 % zeigen Störungen im Tag-/Nachtrhythmus und sozial nicht angepasstes Verhalten (Schneekloth 2006).

Der Sachverständigenrat zur Begutachtung der Entwicklung im Gesundheitswesen hat 2009 eine Prognose zur Entwicklung der Pflegebedürftigen bis zum Jahr 2050 vorgelegt. Diese weist für 2050 eine Zahl von 4,35 Millionen Pflegebedürftigen auf (SVR 2009). Ein Überblick über alternative Prognosen zur Entwicklung der Pflegebedürftigen bis zum Jahre 2050 zeigt, dass die Vorausberechnung des Rates mit den Größenordnungen vergleichbarer Schätzungen weitgehend übereinstimmen. Für das Jahr 2030 reicht die Bandbreite der Status quo -Prognosen zwar von 2,61 bis 3,36 Millionen Pflegebedürftigen, bezogen auf die aktuelleren Vorausberechnungen zum Basisjahr 2005 bzw. 2007 verkürzt sich die Spanne aber auf 3,09 bis 3,36 Millionen. Bei den Prognosen, die auf der Annahme der Morbiditätskompression aufbauen, gelangt das Statistische Bundesamt hier mit 2,95 Millionen Pflegebedürftigen nahezu zum gleichen Ergebnis wie die Ratsprognose (2,93 Millionen) (vgl. Tab. 4).

Insgesamt gesehen kann auf der Basis dieser Prognose kein Zweifel bestehen, dass die Entwicklung der Pflegebedürftigen die Gesundheitspolitik künftig mit erheblichen Herausforderungen konfrontiert.

Tabelle 4: Übersicht über Prognosen zur Entwicklung der Pflegebedürftigen (in Millionen)

Prognose	Jahr	Basisjahr	2010	2020	2030	2040	2050
Eigene Berechnung	SQ[1]		2,38	2,86	3,28	3,77	4,35
	KT[2]	2,24 (2007)	2,35	2,69	2,93	3,19	3,50
Rothgang (2001)	SQ	1,86 (2000)	2,13	2,47	2,71	2,98	-
	KT	1,85 (2000)	2,01	2,21	2,38	2,59	-
Statistisches Bundesamt (2008)	SQ		2,40	2,91	3,36	-	-
	KT	2,13 (2005)	2,30	2,68	2,95	-	-
Rürup (2003)	SQ	1,90 (2002)	-	-	3,10	3,40	-
Blinkert/Klie (2001)	SQ	1,81 (1998)	2,21	2,58	2,81	3,11	3,45
Dietz (2002)	SQ	1,82 (2000)	2,04	2,37	2,61	2,87	3,17
Ottnad (2003)	SQ	2,01 (2002)	-	-	3,11	-	4,00
Häcker/Raffelhüschen (2006)	SQ	1,93 (2004)	-	-	-	-	3,79
Häcker et al. 2005	SQ	1,97 (2005)	2,21	2,70	3,09	3,60	4,25

1 Status quo-Prognose; 2 Prognose bei Annahme der Morbiditätskompressionsthese

Quelle: GBE 2009; Statistisches Bundesamt 2006a; Rothgang 2001; Statistisches Bundesamt 2008; Rürup 2003; Blinkert 2001; Dietz 2002; Ottnad 2003; Häcker/Raffelhüschen 2005; Häcker/Höfer/Raffelhüschen 2006; SVR 2009

3. Versorgungsanforderungen alter Menschen und die Sicherstellung der Pflege

Die Versorgung mehrfach kranker oder pflegebedürftiger alter Menschen hat das Ziel mehr Gesundheit herzustellen. Mit Blick auf die Ausgangsthese des Beitrages stellt sich die nun die Frage: Was ist Gesundheit für alte Menschen mit einer Mehrfacherkrankung oder Pflegebedarf?

Der Philosoph Ernst Bloch schreibt: „Gesundheit ist ... überwiegend ein gesellschaftlicher Begriff. Gesundheit wieder herzustellen heißt in Wahrheit: den Kranken zu einer Art von Gesundheit zu bringen, die in der jeweiligen Gesellschaft die jeweils anerkannte ist, ja in der Gesellschaft selbst erst gebildet wird" (Bloch 1955).

Ein bedenkenswerter Ansatz mit Blick auf das noch vorhandene Gesundheitspotenzial eines mehrfach kranken oder pflegebedürftigen alten Menschen. Seine Gesundheit ist nicht Abwesenheit von jeglicher Krankheit und Funktionsstörung, sondern zeigt sich in der Aufrechterhaltung oder Wiederherstellung von Lebensqualität. Dabei geht es um die Qualität des Lebens, die im jeweiligen Abschnitt des Lebensverlaufs und für die jeweils kranke alte Frau oder den kranken alten Mann angemessen ist.

Durch welche Gesundheitsversorgung kann die verbliebene Gesundheit gestützt und die Pflege je regional spezifisch sichergestellt werden?

Eine Sicherstellung der Pflege kann zunächst unterstützt werden, wenn die Anstrengungen zur *Prävention und Gesundheitsförderung* intensiviert würden. Heute ist unstrittig, dass dadurch zumindest eine Verzögerung vieler Gesundheitseinbußen möglich wäre. Dabei werden Strategien zur Verminderung der Eintrittswahrscheinlichkeit von Multimorbidität und Pflegebedürftigkeit ebenso benötigt wie Maßnahmen zur Erhaltung bereits beeinträchtigter Gesundheit und Funktionsfähigkeit.

Die Zukunft einer altersangepasste Gesundheitsversorgung zu gestalten, das heißt aber auch:

Diese besser auf das veränderte Morbiditätsspektrum einzustellen und die Entwicklung von *Leitlinien* für alte Patienten, die an mehreren chronischen Erkrankungen gleichzeitig leiden voranzutreiben. Solche Leitlinien müssen Behandlungsprioritäten setzen, an den Gesamtzustand des Patienten, seine Ressourcen und Fähigkeiten adaptiert sein und seine Lebenserwartung und individuelle Situation berücksichtigen.

Das heißt: Die qualitative Weiterentwicklung und Ausdifferenzierung der ambulanten Pflege von gesundheitsförderlicher bis hin zu palliativer Pflege. Dabei müssen die vorhandenen Vorsorgungsressourcen der Regionen genutzt werden und das Angebotsspektrum muss den regionalen demographischen Entwicklungen angemessen sein (Schaffer et al. 2008).

Gleichzeitig muss an einer *Verzahnung* der Versorgung für ältere und alte Menschen, die unter chronischen Erkrankungen, Multimorbidität und/oder Pflegebedürftigkeit leiden, gearbeitet werden, um den Zustand bei langwierigen Krankheits- und Pflegeverläufen stabil zu halten.

Dabei sind eine Vielzahl von Schnittstellen zu überwinden und Patienteninformationen weiterzuleiten. Der Ausbau von *Case- und Care Management* könnte bei der Steuerung der Langzeitversorgung helfen (Ewers/Schaeffer 2005).

Nicht zuletzt kann eine gute *Beratung* einen wichtigen Beitrag zur Lebensqualität im Falle von Mehrfacherkrankung und Pflegebedürftigkeit leisten. Die bereitgestellten Informationen müssen dann aber jederzeit erreichbar, leicht zugänglich, zielgruppenspezifisch zugeschnitten und verständlich aufbereitet sein. Gute Beratung hat längerfristige Aufgaben der Begleitung und individuellen Versorgungsplanung und -steuerung. Diese Kriterien sollten auch beim derzeitigen Aufbau der Pflegestützpunkte in den Regionen dringend beachtet werden (Schaeffer/Schmidt-Kaehler 2009).

Die Sicherstellung der pflegerischen Versorgung gerade in ländlichen Bereichen, die von der Migrationen junger Familienangehöriger stark betroffen sind, ist künftig entscheidend davon abhängig, inwieweit es gelingt, gemischte Pflegearrangements herzustellen und zu einem produktiven Zusammenwirken von professioneller sowie kommunaler und Hilfe durch *Familien und pflegende Angehörigen* zu gelangen.

Eine Modernisierungsoffensive ist aber nicht nur im ambulanten Versorgungssystem angezeigt, auch die *Heimversorgung* bedarf konzeptioneller Veränderungen. Heime sind längst Stätten der Pflege und Krankheitsbewältigung in den Spät- und Endstadien chronischer Krankheit bzw. am Lebensende geworden. Und: Pflegebedürftigkeit ist ein oft lang andauernder Zustand. Im Median liegt die Überlebensdauer der Frauen, die eine Pflegestufe I haben, bereits bei 39 Monaten und bei den so eingestuften Männern bei 25 Monaten. So muss es uns um die Weiterentwicklung der Fachlichkeit im Umgang mit kognitiven Einbußen, psychischen Problemlagen und Verhaltensauffälligkeiten gehen und um die

Frage, welche Pflege die Lebensqualität der betroffenen unterstützt (Wingenfeld 2008).

Nicht zuletzt kommt es gerade in strukturschwachen Gebieten darauf an, die Ressourcen zu nutzen, die in neuen Formen der Zusammenarbeit der Gesundheitsberufe liegen und insbesondere für diese Regionen besondere Maßnahmen der Nachwuchsgewinnung zu etablieren. Die Abbildung 4 zeigt, dass auch die Alterung der Berufsgruppen im Gesundheitswesen in den vergangenen zehn Jahren vorangeschritten ist.

Abb. 4: Altersgruppen der Berufsgruppen im Gesundheitswesen, 1997 und 2007

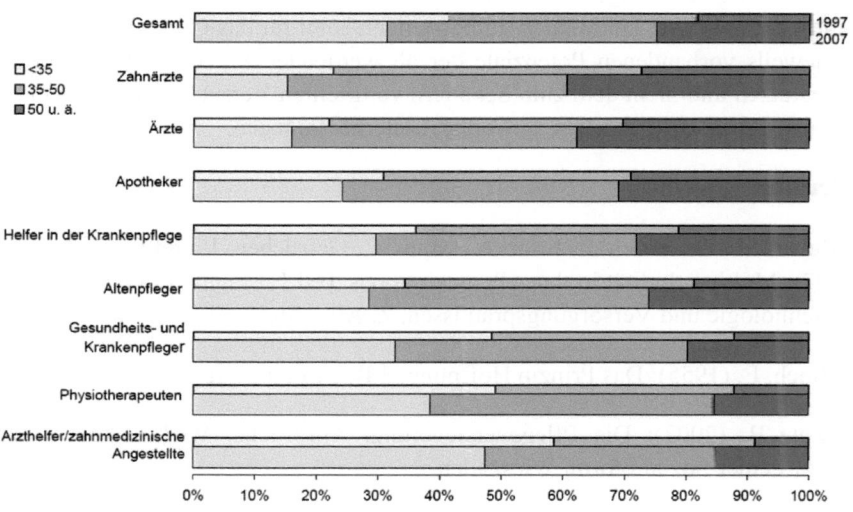

Quelle: SVR 2009

Die Liste der Maßnahmen, die auch künftig eine Sicherstellung der pflegerischen Versorgung garantieren, ist trotz der Fortschritte der letzten Jahre lang – da bleibt **ein kurzes nachdenkliches Fazit:**

Der demographische Wandel hat das Gesundheitsniveau bzw. Krankheitsgeschehen verändert. Dieser Veränderungsprozess wird sich fortsetzen. Ob die Menschen von Kohorte zu Kohorte immer gesünder ins hohe Alter kommen, ob es gelingt, körperliche Einbußen immer mehr in eine letzte kurze Lebensphase zu verdrängen, ist auf der Basis heutiger Erkenntnisse nicht endgültig zu entscheiden.

Das gesunde Alter als eine Phase frei von jeglichen Funktionseinschränkungen scheint aus heutiger Perspektive allerdings als ein nicht erreichbares eher theoretisches Konstrukt. Die Auffassung, wir könnten alle mit anhaltender Kontrolle über die eigene Situation leben, gute Lebensbedingungen stets bewahren, immer weiter intelligent und leistungsfähig bis ins höchste Alter sein, hat eine Utopie entstehen lassen, die weder die Medizin, noch die Pharmazie, noch die Gesundheitssysteme oder das Individuum einlösen können. Wer meint, allen Krankheiten vorbeugen zu können, wer jedes Leiden zu heilen anstrebt, der verliert im Alter seine eigene Souveränität. Die Gesundheitseinbußen einer alten Bevölkerung im 21. Jahrhundert zu bewältigen heißt für das Gesundheitssystem, die jeweils vorhandenen Potenziale der alt werdenden Frauen und Männer zu unterstützen und nicht dem zum Scheitern verurteilten Versuch, einen Zustand x bis zum Lebensende erhalten zu wollen, hinterher zu jagen.

Literatur

Beyer, M., Otterbach, I., Erler, A., Muth, C. Gensichen, J. und Gerlach, F.M. (2007): Multimorbidität in der Allgemeinpraxis Teil I: Pragmatische Definition, Epidemiologie und Versorgungsprämissen. Z. Allg. Med., 83: 310-315.

Bloch, E. (1955): Das Prinzip Hoffnung, 3 Bde.; Frankfurt/M.

Dietz, B. (2002): Die Pflegeversicherung. Ansprüche, Wirklichkeiten und Zukunft einer Sozialreform, Wiesbaden.

Dinkel, R. (1999): Demographische Entwicklung und Gesundheitszustand. Eine empirische Kalkulation der Healthy Life Expectancy für die Bundesrepublik auf der Basis von Kohortendaten. In: Häfner, H. (Hrsg.): Gesundheit – unser höchstes Gut? Heidelberg: Springer, S. 61-82.

DZA (Deutsches Zentrum für Altersfragen) (2007): Report Altersdaten: Alter und Pflege. Berlin.

Ewers, M. und Schaeffer, D. (Hg.) (2005): Case Management in Theorie und Praxis. 2. ergänzte Auflage. Bern: Huber

Fries, J. F. (2003): Measuring and Monitoring success in compressing morbidity. Ann Intern Vol. 139: 455-459

Gesundheitsberichterstattung des Bundes (2009): Pflegebedürftige (Anzahl). Gliederungsmerkmale: Jahre, Deutschland, Alter, Geschlecht, Empfang von ambulanter/stationärer Pflege oder Pflegegeld

Häcker, J. und Raffelhüschen, B. (2006): Zukünftige Pflege ohne Familie: Konsequenzen des „Heimsog-Effekts". Forschungszentrum Generationenverträge der Albert-Ludwigs-Universität Freiburg, Diskussionsbeiträge No. 11 - Juni 2006.

Häcker, J., Höfer, M.A. und Raffelhüschen, B. (2005): Reformkonzepte der Gesetzlichen Pflegeversicherung auf dem Prüfstand, Initiative Neue Soziale Marktwirtschaft, April 2005.

Kuhlmey, A. (2009): Chronische Krankheit in der Lebensphase Alter. In: Schaeffer, D. (HRSG.) Bewältigung chronischer Krankheit im Lebensverlauf. Verlag Hans Huber: Bern.

Kohler, M. und Ziese, T. (2004): Telefonischer Gesundheitssurvey des Robert Koch- Instituts zu chronischen Krankheiten und ihren Bedingungen. Berlin: Robert Koch-Institut.

Ottnad, A. (2003): Die Pflegeversicherung: Ein Pflegefall, Wege zu einer solidarischen und tragfähigen Absicherung des Pflegerisikos, München.

Robert Koch-Institut (RKI) (2006): Gesundheit in Deutschland. Gesundheitsberichterstattung des Bundes. Berlin: Eigenverlag.

Rothgang, H. (2001): Finanzwirtschaftliche und strukturelle Entwicklungen in der Pflegeversicherung bis 2040 und mögliche alternative Konzepte. Endbericht zu einer Expertise für die Enquete-Kommission „Demographischer Wandel" des Deutschen Bundestags, Bremen, im Februar 2001.

Rürup-Kommission (2003): Kommission für die Nachhaltigkeit in der Finanzierung der sozialen Sicherungssysteme, Bericht der Kommission, Berlin.

Schaeffer, D., Büscher, A. und Ewers, M. (2008): Ambulante pflegerische Versorgung alter Menschen. In: Kuhlmey, A. und Schaeffer, D. (Hrsg.): Alter, Gesundheit und Krankheit. Huber: Bern, 352-369.

Schaeffer, D. und Schmidt-Kaehler, S. (2006): Patientenberatung: wachsende Bedeutung und neue Aufgaben. In: Schaeffer, D. und Schmidt-Kaehler, S. (Hg.): Lehrbuch Patientenberatung. Bern: Huber, 7-16

Schneekloth, U. (2006): Hilfe- und Pflegebedürftige in Alteneinrichtungen 2005. Schnellbericht zur Repräsentativerhebung im Forschungsprojekt „Möglichkeiten und Grenzen selbständiger Lebensführung in Einrichtungen" (MuG IV). Im Auftrag des Bundesministeriums für Familie, Senioren, Frauen und Jugend. München: http://www.bmfsfj.de/bmfsfj/generator/Kategorien/Forschungs netz/forschungsberichte,did =76422.html (Stand 31. August 2007).

Starfield, B. (2006): Threads and yarns: weaving the tapestry of comorbidity. Annals Fam. Med., 4: 101-103.

Statistisches Bundesamt (2006): Ergebnisse der 11. koordinierten Bevölkerungsvorausberechnung, Wiesbaden

Statistisches Bundesamt (2007): www.destatis.de/laenderpyramiden/data 11kbv.js.

Statistisches Bundesamt (2007a): Pflegestatistik 2005. Pflege im Rahmen der Pflegeversicherung. Deutschlandergebnisse. Wiesbaden: Statistisches Bundesamt.

Statistisches Bundesamt (2008): Lebenserwartung in Deutschland. Durchschnittliche weitere Lebenserwartung. URL: http://www.destatis.de/jetspeed/ portal/cms/Sites/destatis/Internet/DE/Content/Statistiken/Bevoelkrung/Geburten Sterbefaelle/Tabellen/Content50/LebenserwartungDeutschland,templateId=ren derPrint.psml, Download: 10.07.2008.

Steinhagen-Thiessen, E. und Borchelt, M. (1996): Morbidität, Medikation und Funktionalität im Alter. In: Mayer, K.U., Baltes, P.B. (Hrsg.): Die Berliner Altersstudie. Berlin: Akademie Verlag: 151-183.

Sachverständigenrat zur Begutachtung der Entwicklung im Gesundheitswesen (SVR) (2009): Sondergutachten: Koordination und Integration – Gesundheitsversorgung in einer Gesellschaft des längeren Lebens, Bonn 2009

Van den Akker, M., Vos, R. und Knottnerus JA. (2006): In an exploratory prospective study on multimorbidity general and disease-related susceptibility could be distinguished. Journal of Clinical Epidemiology 59:934-939

Wingenfeld, K. (2008): Stationäre pflegerische Versorgung alter Menschen. In: Kuhlmey, A. und Schaeffer, D. (Hrsg.): Alter, Gesundheit und Krankheit. Huber: Bern, 370-381.

Die Schnittstelle zum stationären Sektor aus Sicht der ambulanten Fachärzte

Thomas Scharmann

- Alles aus einer Hand oder Hand in Hand?
- Niedergelassene Fachärzte und Kliniken: Cooperator - Competitor - oder was?
- Fragen und Lösungsvorschläge zur Schnittstellenproblematik

- Die „Doppelte Facharztschiene" Klinik/Niedergelassene - seit dem IGES-Gutachten erledigt
- Vielmehr: Verlagerung stationär-ambulant spart Kosten

Der stationäre Sektor besitzt viele **Wettbewerbsvorteile**:

- Verbotsvorbehalt
- Finanzierung durch öffentliche Gelder
- Kein Facharzt durchgängig als Leistungserbringer (Weiterbildungsassistenten erbringen Leistungen)
- Unterschiedliche Qualitätssicherung
- Politische Unterstützung durch Landrat und Co.
- Fallpauschalen
- Keine Medikamenten- und sonstige Regresse
- § 166b: Versuch der kompletten Öffnung der Kliniken

- Wenn die Koalition, wie angekündigt, das allgemeine Wettbewerbsrecht für den stationären Sektor einführt, dann bekommen Rhön AG et al. Kartellprobleme und müssen sich in den ambulanten Markt ausdehnen, wenn sie wachsen wolle - und vor allem müssen

- Seit 1995 versuchte die SPD die ambulante Fachärzteschaft abzuschaffen
- Der ambulante fachärztliche Sektor hat einen Verbündeten - **den Patienten**
- Die neue Koalition will den niedergelassenen Facharzt
- Trotz aller Nachteile ist dieser Sektor nach wie vor wettbewerbsfähig

Situation am Beispiel **ambulanten Operieren**

- Permanente Leistungsverlagerung von stationär nach ambulant
- Portal MVZ
- Kostenlose Vor- und Nachsorge beim Facharzt
- Einsparungen im stationären Sektor in Milliardenhöhe (bundesweit ca. 1,4 Milliarden Euro für 16 ausgewählte Operationen, die man in den ambulanten Bereich verlegen könnte)

Wunschliste an den „Berufspolitischen Weihnachtsmann"

- Gleichlange Spieße im Wettbewerb = Wettbewerbsordnung
- Gleiches Honorar für gleiche Leistung = Angleichung der Honorarstruktur bei stationsersetzenden Leistungen (ambulant wollen wir Einzelleistungen)
- Kein § 116 in ohnedies überversorgten Regionen, bei optimaler Vernetzung überflüssig! = Sektorübergreifende Bedarfsplanung
- Wer Leistungen anfordert, muss diese auch bezahlen = Mengensteuerung durch intelligente Selbstbeteiligung
- Gemeinsame Behandlungspfade
- Gemeinsame elektronische Patientenakte
- Klinikeinweisung in der Regel nur durch den entsprechenden Facharzt = Bedkeeper Facharzt
- Dazu nötig „Facharzt ins SGB V": Der Facharzt als addressierbare Größe § 73e definiert den ambulanten Facharzt, der die facharztbasierte Versorgung der entsprechenden Erkrankungen koordiniert

- Keine Kopplung § 73b/73c: Diese Einschränkung des Leistungserbringerangebotes können wir nicht akzeptieren; hat mit freier Arztwahl nichts zu tun
- Qualitätsorientierung als Maßstab der zu vernetzenden Zusammenarbeit (die QS des § 95 SGB V, Kapitel 4 muss wie im § 73c uneingeschränkt auch für § 73b gelten!!)
- Pflege-/Seniorenheime: wichtiges Thema für die niedergelassenen Fachärzte
- Auch die Fachärzte müssen sich bewegen; Facharzt 4x7 Konzept, Betreuung (Koordination, Patientenverfügung), Transparenz, Dokumentation, Beschleunigung der Kommunikationsprozesse

Strategien an der Schnittstelle zum ambulanten Sektor aus der Sicht eines öffentlichen Unternehmens

Dusan Tesic

Vivantes Netzwerk für Gesundheit GmbH

Das in Berlin ansässige Vivantes Unternehmen ist das größte kommunale Krankenhaus Unternehmen in Deutschland. Es betreibt in Berlin u.a 9 Krankenhäuser mit 4.800 Betten, 1 ambulante Rehaeinrichtung mit 255 Plätzen, 12 Seniorenheime mit 1.600 Plätzen, 1 ambulante Pflegeeinrichtung und 11 Medizinische Versorgungszentren.

2008 wurden in den Vivantes Krankenhäusern 194.000 Fälle stationär und 260.000 Fälle ambulant behandelt. Rund 50.000 Fälle wurden in den Vivantes MVZ versorgt.

Der Vivantes Konzernumsatz betrug in 2008 rd. 742 Mio. Euro. Der Erlösanteil aus ambulanten Leistungen lag im selben Jahr bei rd. 33 Mio. Euro bzw. bei 4,4 % des Gesamtumsatzes. Gegenüber 2007 ist dieser Erlösanteil um fast 30 % gestiegen. Den größten Sprung bei der Entwicklung der ambulanten Erlöse bei Vivantes haben die Medizinischen Versorgungszentren gemacht. Mit einem Umsatz von 7,2 Mio. Euro ist das eine Steigerung von fast 150 %.

Für die Zukunft kann davon ausgegangen werden, dass der ambulante Anteil und dabei insbesondere der der MVZ am Gesamtumsatz von Vivantes weiter steigen wird, solange gesetzgeberische Maßnahmen diesen Trend nicht stoppen.

Schnittstelle ambulant – stationär

In seinem Sondergutachten 2009 vertritt der Sachverständigenrat zur Begutachtung der Entwicklung im Gesundheitswesen die Position, dass die absehbare demografische Entwicklung der deutschen Bevölkerung und der medizinisch – technische Fortschritt die Schnittstellenprobleme zwischen dem ambulanten und stationären Sektor in den Mittelpunkt der politischen Reformbestrebungen rücken wird. Vor allem bei der derzeitigen fachärztlichen Sekundärversorgung sieht der Sachverständigenrat das größte Effizienz– und Effektivitätspotential, dass durch eine Neuorganisation dieser Sekundärversorgung realisiert werden kann.

Diese Neuorganisation soll unter ordnungspolitischen Rahmenbedingungen wie einheitliche Qualitätsstandards, einheitliche Vergütung und einheitliches Vorgehen bei neuen Behandlungsmethoden einen funktionsgerechten und fairen Wettbewerb zwischen Fachärzten und Krankenhäusern ermöglichen, der derzeit nicht gegeben ist.

Krankenhausaktivitäten im ambulanten Sektor

„Jede Klinik, die unter den gewandelten Bedingungen im stationären Bereich überleben will, muss einen Fuß in den ambulanten Bereich bekommen." (Financial Times Deutschland 05/2008)

Tatsächlich hat der Gesetzgeber über die letzten Jahre hinweg den Krankenhäusern die Betätigungsmöglichkeit im ambulanten Sektor immer mehr geöffnet. War den Zugriff der Krankenhäuser auf den ambulanten Bereich früher auf Ermächtigungen oder Belegärzte begrenzt, so sind zwischenzeitlich ihre ambulanten Behandlungsmöglichkeiten massiv erweitert worden.

Gegen diese erweiterten ambulanten Betätigungsmöglichkeiten der Krankenhäuser protestieren niedergelassenen Ärzte und ihre Organisationen, und zwar hauptsächlich mit dem Argument, dass der von der Politik angefachte Wettbewerb zwischen den Krankenhäusern und den niedergelassenen Fachärzten unter ungleichen Bedingungen erfolgt. Wie schon ausgeführt kritisiert auch der Sachverständigenrat die Wettbewerbsbenachteiligung der niedergelassenen Ärzte und definiert die herzustellenden ordnungspolitischen Rahmenbedingungen für einen „fairen" Wettbewerb

Ambulante Aktivitäten von Vivantes

Vivantes hat - wie andere Krankenhäusern auch - mit anderen Leistungserbringern oder mit Krankenkassen Kooperations- bzw. Integrierte Versorgungsverträge (IV) abgeschlossen. Bei Vivantes haben diese Verträge sowohl von ihrer Zahl als auch in ihrem Volumen her noch keine signifikante Bedeutung für den Konzernumsatz. Auch bei der durch den § 116 b SGB V eröffneten Möglichkeit, hochspezialisierte Leistungen ambulant erbringen zu können, hat Vivantes bei weitem nicht alle Optionen ergriffen.

Vivantes MVZ GmbH

Die Vivantes Aktivitäten bei der Gründung von eigenen MVZ sind dagegen intensiver. Die seit 2004 gegebene Möglichkeit für Krankenhäuser, MVZ zu gründen, wurde von Vivantes erstmals Anfang 2006 mit Gründung einer hundertprozentigen Tochtergesellschaft als GmbH wahrgenommen. Zum 01.10.2006 wurden die beiden ersten MVZ an zwei Vivantes Krankenhäusern zugelassenen.

Vorausgegangen war ein Strategiewechsel der Vivantes Geschäftsführung. Hielt sich die alte Geschäftsführung auch aus „Angst" vor den niedergelassenen Ärzten zurück, so entschied sich die folgende Geschäftsführung auch auf diesem ambulanten Geschäftsfeld aktiv zu werden. Allerdings wurde dabei den Niedergelassenen signalisiert, dass Vivantes mit seinen MVZ nicht in Konkurrenz zu ihnen treten will, sondern vor allem in ambulanten Fachrichtungen tätig wird, wo eine „Unterversorgung" beklagt wird.

Aktuell betreibt Vivantes 11 MVZ (siehe Abbildung 1), die meist an den über die Stadt verteilten Vivantes Krankenhäusern angesiedelt sind. 4 MVZ sind sogenannte nicht klinikgebundene MVZ. Diese wurden wegen ihrer schon vorher bestehenden besonderen Beziehungen zu bestimmten Krankenhäusern und nicht zuletzt auch wegen ihrer Lage in sozial-schwachen Bezirken Berlins gegründet. Dadurch konnte erreicht werden, dass bisherige Facharztsitze wie Kardiologie, Gastroenterologie und Psychotherapie nicht in die sozial stärkeren Bezirke abwanderten.

In den 11 MVZ befinden sich 16 Fachrichtungen. 10 Fachrichtungen fallen unter die Bedarfsplanung, sodass diese Arztsitze von der Vivantes MVZ GmbH gekauft werden mussten. 6 Fachrichtungen unterliegen nicht der Bedarfsplanung und konnten daher als Arztsitze von der MVZ GmbH zusätzlich eingerichtet werden. Bekanntlich besteht die Möglichkeit auf einen Arztsitz bis zu 4 Ärzten zu zulassen. Vivantes hat zu Beginn seiner MVZ Aktivitäten vor allem in den nicht gesperrten Fachrichtungen Zulassungen erworben.

Von den bisherigen 47 Zulassungen insgesamt, sind 13 strahlentherapeutisch ausgerichtet. Zusammen mit den ebenfalls nicht gesperrten Fachrichtungen Nuklearmedizin 8 Zulassungen, Pathologie 3 Zulassungen, Labor 2 Zulassungen und Neurochirurgie 1 Zulassung, gibt es z.Z. 28 Zulassungen, die nicht der Bedarfsplanung unterliegen.

Abb. 1: Vivantes Standorte in Berlin

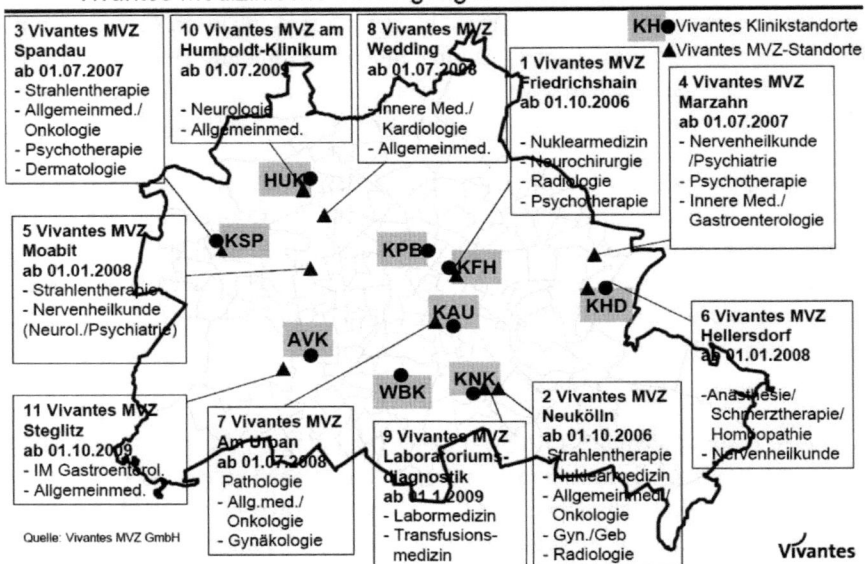

Innerhalb der Fachrichtung Strahlentherapie wird der größte Teil der MVZ Erlöse realisiert. Nahezu 70 % des KV – Umsatzes werden hier erwirtschaftet. Die Nuklearmedizin folgt mit einem Anteil von 12 %. Die anderen Fachrichtungen spielen zurzeit am Gesamterlös nur eine kleinere Rolle.

Die beschriebene Bedeutung einzelner Fachrichtungen verweist auch auf die MVZ–Gründungsstrategie von Vivantes.

Gründungsstrategie

Ähnlich wie bei anderen Gründungen von Klinik MVZ waren die ersten strategischen Überlegungen von Vivantes:

- Umwandlung von Ermächtigungen in eine vertragsärztliche Zulassung.

  Anders als eine Zulassung sind Ermächtigungen zeitlich begrenzt und müssen dann neu beantragt werden mit dem Risiko, keine neue Ermächtigung zu erhalten. Ferner sind Ermächtigungen ausdrücklich auf die persönliche Leistungserbringung durch den Krankenhausarzt und auf einen definierten Leistungskatalog beschränkt. Die Leistung kann nicht delegiert werden. Des Weiteren sind viele Ermächtigungen an einen Überweisungsvorbehalt einer bestimmten Facharztgruppe gebunden.

Da durch eine Zulassung die genannten Einschränkungen entfallen, liegt der Vorteil gegenüber einer Ermächtigung auf der Hand.

- Ambulante Leistungen, die das Krankenhaus aus Marketinggründen kostenlos für Patienten erbracht hat, können mittels einer Zulassung über die KV Vergütung ganz oder teilweise refinanziert werden.

- Der Krankenhauskonzern Vivantes kann über die MVZ seinen Markennamen stärker in den ambulanten ärztlichen Sektor positionieren und ausbauen. Dabei kann auf die enge Verzahnung des ambulanten mit dem stationären Teil von Vivantes verwiesen werden und auf die Vorteile, die den Patienten daraus erwachsen (alles unter einem Dach, vermeidbare Doppeluntersuchungen, im Bedarfsfall stehen sofort Krankenhauskapazitäten zur Verfügung u.a.m.).

- Vivantes MVZ sind bei gegebener medizinischer Indikation und entsprechendem Angebot stabile Einweiser in die Vivantes Kliniken.

- In den Vivantes MVZ werden auch in sozial schwächeren Bezirken Berlins stark nachgefragte und gesperrte Fachrichtungen gehalten, die ansonsten möglicherweise in reichere Bezirke verlegt worden wären.

Weitergehende Strategie

Um aber der MVZ – Idee einer echten Verzahnung von ambulant und stationär mit positiven Effekten auf die Qualität und die Wirtschaftlichkeit der Versorgung wirklich gerecht zu werden, muss über die ursprünglichen Motivationen, ein Klinik betriebenes MVZ zu gründen, hinausgegangen werden:

- Die Behandlungsprozesse sind sowohl im MVZ als auch in der Zusammenarbeit zwischen MVZ und Klinik zu optimieren.
- MVZ müssen einen patientenfreundlichen Betrieb gewährleisten.

- Vivantes MVZ sind in eine Versorgungskette einzugliedern und können dadurch das Gesamtangebot des Konzerns ambulant, stationär, ambulante Reha, Pflegeeinrichtungen weiter profilieren.

Damit können auch den Krankenkassen attraktive Integrationsverträge angeboten und ggf. abgeschlossen werden.

Auch der Sachverständigenrat sieht in dieser Angebotskonfiguration Chancen für einen Krankenhausträger: „Wenn die Krankenhäuser und hier vor allem die Krankenhausketten neben den MVZ künftig auch noch in stärkerem Umfang Rehabilitations- und Pflegeeinrichtungen betreiben, können sie bestimmte Leistungen über alle Sektoren hinweg anbieten und mit den Krankenkassen selektive Verträge mit Pauschalvergütung abschließen" (SVR 2009, Ziffer:1192)

Dabei sollte aber auch der Hinweis des Sachverständigenrates an der schon zitierten Stelle beachtet werden, dass zur erfolgreichen Umsetzung des vorgenannten Konzepts allerdings eine „effiziente Aufteilung der Leistungserstellung... zwischen stationären und ambulanten Behandlungen..." als unternehmerisches Ziel unerlässlich ist.

Krankenhaus MVZ – Rechnet sich das?

„Bekanntermaßen arbeiten viele Krankenhaus - MVZ derzeit nicht profitabel, auch – aber nicht nur – weil die Möglichkeiten kooperativer Zusammenarbeit noch nicht hinreichen genutzt wird."(S. Müller, J. Schröder – Printzen 2009)

Soweit Informationen dazu vorliegen, streben viele Klinik- MVZ Betreiber in diesem Geschäftsbereich (vorrangig als GmbH) eine schwarze Null an. Auch wenn sich möglicherweise eine defizitäre MVZ GmbH aus der Konzernsicht insgesamt rechnet, ist es auch aus gesellschaftsrechtlichen Gründen zwingend, im MVZ Bereich schwarze Zahlen zu erzielen. Viele Kliniken übernehmen mit der Gründung von MVZ durch die gleichzeitige Beschäftigung von Klinikärzten allerdings auch deren Kostenstruktur mit ggf. weiteren monetären Anreizen, um sie zur Mitarbeit im MVZ zu bewegen.

Dadurch werden häufig Kostenvorteile die ein Klinik MVZ z. B. durch die Mietung eines Geräteparks im Krankenhaus erzielen kann, durch überproportionale Personalkosten relativiert. Zusammen mit den festen Arbeitszeiten im MVZ ist gegenüber den niedergelassenen Vertragsärzten ein Produktivitätsrückstand anzunehmen. Auch die hohen Preise für gekaufte Arztsitze, die abgebende Ärzte wegen der Bedarfsplanung bisher realisieren konnten, verlängern den Zeitpunkt der Amortisierung der Investitionen.

Um auch die Klinik betriebenen MVZ mittelfristig wirtschaftlich zu führen, müssen neben den schon erwähnten Produktivitätsanstrengungen auch Zusatzverträge mit den Krankenkassen angestrebt werden.

Fazit

Die klinikzentrierte Betrachtungsweise bei der Ausdehnung in den ambulanten Sektor durch Krankenhaus MVZ, muss schrittweise zugunsten einer versorgungsbezogenen und effizienten Aufteilung der stationären und ambulanten Leistungen abgelöst werden.

Die flapsige Formulierung „stationär stagniert, ambulant floriert" komprimiert die Trendaussage, dass der Wettbewerb der Krankenhäuser um Patienten einzelwirtschaftlich notwendig ist, aber die Ausweitung der Aktivitäten auf das Geschäftsfeld der ambulanten Versorgung ein weitergehendes Ziel ist.

Über diese Geschäftspolitik kann sich Vivantes mit sektorübergreifenden vernetzten Vertragsangeboten gegenüber den Kassen profilieren und deren Befürchtungen abbauen, dass die ambulanten Aktivitäten vorrangig der Zuführung von Patienten in den stationären Bereich dienen.

Literatur:

- Vivantes Gesundheitsnetzwerk Geschäftsbericht 2008
- Vivantes MVZ GmbH Statistik
- S. Müller, J. Schröder – Printzen, Kooperation mit Zukunft, in: Arzt und Krankenhaus 04/2009, S.113
- Sachverständigenrat zur Begutachtung der Entwicklung im Gesundheitswesen: Gutachten 2009, Koordination und Integration – Gesundheitsversorgung in einer Gesellschaft des längeren Lebens.

Strategien an der Schnittstelle zum ambulanten Sektor aus der Sicht einer privaten Klinikkette

Christoph Straub und Tilman Scheinert

Es ist schwierig, die Qualitäten von Gesundheitssystemen miteinander zu vergleichen und dabei einen sinnvollen Bezug von Strukturen und Prozessen zu Ergebnissen herzustellen. Das gilt auch bei einem eingeschränkten Blick auf die Gesundheitssysteme in den entwickelten Industrienationen. Zu unterschiedlich sind die über viele Jahre gewachsenen, spezifischen Versorgungszusammenhänge, die Erwartungen der Bevölkerung, aber auch die Morbiditätslasten und die Wirkung anderer sozialer Sicherungssysteme sowie unabhängiger Faktoren. So ist zum Beispiel die landesspezifische Quote der Wiederaufnahme der Berufstätigkeit nach einem Herzinfarkt sicher nicht in erster Linie mit der Qualität der Versorgung von Herzinfarktpatienten korreliert.

Weil die Systeme so unterschiedlich und in gewisser Weise unvergleichlich, die Sorgen und Nöte ihrer politischen Steuerung und vor allem der Finanzierung aber so ähnlich sind, kommt es auf der Ebene der ordnungspolitischen Globalsteuerung zu einem Phänomen, das als "Konvergenz der Systeme" bezeichnet wird. Es bedeutet nur, dass man allerorten darauf hofft, dass die Adaptation von Elementen aus nicht wesensverwandten Systemen die eigenen Probleme lösen hilft. Wer ein staatlich geordnetes und geführtes Versorgungssystem hat, etabliert den "internen Markt", wer Entscheidungsvollmachten an eine korporatistische Selbstverwaltung delegiert hat, versucht über mehr staatlichen Einfluss die Dinge in den Griff zu bekommen. Das Besondere in Deutschland ist möglicherweise, dass in den im Mehrjahrestakt beschlossenen großen Reformgesetzen häufig regulierende und deregulierende Elemente gegenläufig gesetzt wurden, was bisher durchgreifende Veränderungen der Versorgungsstrukturen verhindert hat.

Bleibt die Frage, wie und wo im deutschen Versorgungssystem Verbesserungen möglich sind, wo, modern formuliert, Effizienzpotentiale schlummern. Ein Aspekt ist in diesem Zusammenhang seit Jahrzehnten fester Bestandteil jeder Diskussion: Die Grenze zwischen ambulanter und stationärer Versorgung. Die Grenzlinien werden markiert und befestigt von sektoral völlig unterschiedlichen Regulierungen. Finanzierung, Vergütung, primäre Definition des Leistungsumfangs, Mengensteuerung, Bedarfsplanung respektive Zulassung unterscheiden sich im ambulanten und stationären Sektor jeweils deutlich voneinander. Im Ergebnis funktioniert die Patientenversorgung in den Sektoren unterschiedlich und weitgehend autonom. Das heißt nicht, dass nicht an vielen Stellen lokal eine sehr gute Abstimmung zwischen Niedergelassenen und ärztlichen Kolleginnen und Kollegen auf Seiten der Krankenhäuser gegeben wäre. Aber auch dort, wo die Kommunikation funktioniert und wo die Patienten an der Sektorengrenze ohne Verzug übergeben werden, sind die begleitenden Prozesse unterbrochen. Beispiele sind die Nicht-Übernahme von diagnostischen Befunden aus dem ambulanten Bereich bei einer stationären Aufnahme oder das weiterhin bestehende Konfliktthema "Entlassmedikation".

Ein anderer Sachverhalt illustriert die Schwachstelle aber noch deutlicher: Medizin ist, abstrakt formuliert, eine sehr hochwertige, (zunehmend) interdisziplinäre Dienstleistung, deren Qualität ganz wesentlich auf der raschen, vollständigen Kommunikation einer Vielzahl von Daten zwischen den Beteiligten beruht. Anamnestische Befunde, Labor- und Bildbefunde, die Ergebnisse von Interventionen aller Art müssen kommuniziert werden. Das Medium zur Verarbeitung, Speicherung und zum Austausch dieser Daten sind die unterschiedlichsten EDV-Systeme. Es ist bezeichnend, dass die Märkte für EDV-Systeme die Trennung der medizinischen Versorgungssektoren nachvollziehen. Lange Zeit waren die dominanten Anbieter nur in dem einen oder anderen Teilmarkt vertreten, die geschaffenen Systemwelten "exklusiv". Sektorenübergreifend entwickelte EDV-Anwendungen gab es nur für vereinzelte Teilgebiete, wie die Radiologie. Die eingesetzten Systeme waren ausgelegt auf die Speicherung von Befunden und den Austausch von Abrechnungsdaten mit den jeweiligen zahlenden Instanzen, (optimierte) medizinische Versorgungspfade waren nicht Teil der Pakete. Zwar wurden in den letzten Jahren die technischen Voraussetzungen für die sektorenübergreifende Kommunikation der datenverarbeitenden Systeme mit Praxisverwaltungs- / Arztinformationssystemen auf der einen und Krankenhausinformations- / Arbeitsplatzsystemen auf der anderen Seite geschaffen. Die Schnittstellen sind bislang aber nicht aktiviert. Die geltenden Bestimmungen zum Datenschutz machen die Freigabe jedes einzelnen Datentransfers notwendig, wofür als wirtschaftliche und praktikable Lösung nur die Freigabe per elektronischer Signatur über die elektronische Gesundheitskarte und eine "Health Professional Card" in Frage kommt. Diese Technologie ist aber nicht verfügbar und von offizieller ärztlicher Seite auch nicht akzeptiert. Damit bleibt ein durchgängiges Versorgungskontinuum an der Sektorengrenze für's Erste ein unerfüllter Wunsch. Es bleibt bei dem "Medienbruch", Papier ist weiterhin der wesentliche Informationsträger.

Folge der Trennung der Sektoren ist aber auch ein im Vergleich zu anderen Ländern ausgeprägtes "sektorbezogenes Selbstverständnis" vor allem bei stationär tätigen Ärzten. Mehrfach hat es der Verfasser erlebt, dass Krankenhausärzte, darauf angesprochen, ob sie sich vorstellen könnten, teilzeitig ambulant in einem MVZ tätig zu sein, dies als Angriff auf ihre Professionalität und ihren Status empfunden haben. Die anschließende Argumentation weist auf tief sitzende Vorbehalte hin. Die Arbeit in der ambulanten Versorgung wird als wenig anspruchsvoll und qualitativ unterlegen dargestellt, unter dem "Niveau" stationärer Medizin. Das ist eine falsche und gefährliche Einstellung und sicher nicht die beste Basis einer auf die Patientenprobleme bezogenen, konstruktiven arbeitsteiligen Zusammenarbeit.

War in der Vergangenheit die Überbrückung der Sektorengrenze zwischen dem ambulanten und dem stationären Versorgungsbereich eine Frage von mehr Effizienz und Patientenorientierung, so zeichnen sich nun – mindestens außerhalb der Ballungsräume – Entwicklungen ab, die eine Auflösung der Grenze und eine sektorenübergreifend integrierte Versorgung fordern, wenn nicht erzwingen. Was sind die Gründe?

Entwicklung des Angebotes und der Nachfrage nach medizinischen Leistungen

Die Nachfrage nach medizinischen Leistungen wird künftig weiter zunehmen. Diese wachsende Nachfrage hat mehrere Ursachen; Bedürfnisse und Bedarf entwickeln sich gleichsinnig. Wichtigster Faktor ist die ungebrochen wachsende Präferenz großer Teile der Bevölkerung für Gesundheitsleistungen aller Art. Die uneingeschränkte Leistungsfähigkeit des eigenen Körpers bis ins höhere Alter aufrecht zu erhalten, ist ein Anspruch, der an das Versorgungssystem gerichtet wird. Der zweite Faktor ist die Zunahme von Patienten mit chronischen Erkrankungen. Immer mehr Menschen leben immer länger mit einer behandlungsbedürftigen Erkrankung. Entweder weil sie mit der Erkrankung ein höheres Alter erreichen, oder weil sie bereits in jüngeren Jahren erkranken, wie die rasch wachsende Zahl an Jugendlichen und sogar Kindern mit dem früher so genannten "Altersdiabetes", also Diabetes mellitus Typ II, zeigt. Oder auch, weil die Erkrankung heute zwar noch nicht geheilt, aber soweit kontrolliert werden kann, dass mit ihr ein längeres Leben möglich ist. Beispiel sind viele Krebserkrankungen, die heute überwiegend als chronische Krankheiten gewertet werden. Der häufig als zentrale Ursache für Ausgabensteigerungen genannte demographische Wandel ist demnach nur ein Teilfaktor und die Überalterung isoliert eher ein schwächerer.

Parallel zur Entwicklung von Bedarf und Bedürfnissen entwickelt sich die Medizin. Hier sind ebenfalls mehrere Faktoren zu nennen, die die Nachfrage treiben. Ein wichtiger Faktor ist die anhaltende (Sub-)Spezialisierung der medizinischen Fachdisziplinen korrespondierend zur Entwicklung der immer stärker differenzierten diagnostischen und therapeutischen Regime. Das Innovationspotential der medizinischen Forschung ist sehr hoch. Alle 4-5 Jahre verdoppelt sich das verfügbare Wissen. Der kontinuierliche Erkenntnisgewinn treibt die Entwicklung immer neuer Technologien, von Produkt- und Prozessinnovationen voran. Die komplexeren Techniken fördern die fortdauernde Spezialisierung der einzelnen medizinischen Disziplinen. Beispiele sind die Abspaltung der Senologie von der Gynäkologie vor Jahren, oder aktuell die Emanzipation der Rhythmologie / Elektrophysiologie von der übrigen Kardiologie. Immer folgt der Spezialisierung die strukturelle Trennung mit eigenen Abteilungen im stationären Bereich, die Etablierung von eigenständigen Weiterbildungsinhalten und Weiterbildungsgängen. Für die Patientenversorgung hat dies zwei Konsequenzen. Ist es der Anspruch, eine dem anerkannten Stand der medizinischen Erkenntnis entsprechende Medizin anbieten zu wollen, so ist dazu erstens eine wachsende Zahl von unterschiedlichen Fachärzten notwendig, unabhängig davon, wo der Patient Hilfe sucht. Die zweite Konsequenz ist, dass die fortgesetzte Teilung der Medizin in mehr Fachgebiete zur Organisation von interdisziplinär-arbeitsteiligen Prozessen zwingt, wenn der Patient als Ganzes und nicht partikular diagnostiziert und behandelt werden soll. Die aktive Organisation von interdisziplinär-arbeitsteiligen Prozessen ist deshalb wichtig, weil sich zwischen einer Vielzahl von Disziplinen ohne eine systematische Prozessbeschreibung ansonsten keine effiziente Nutzung der Ressourcen einstellen kann.

Mit dem Fortschritt der Medizin geht eine Entwicklung einher, die einen massiven Veränderungsdruck auf die Strukturen ausübt. Immer größere Anteile der medizinischen Versorgung lassen sich primär ambulant erbringen und stationär behandlungsbedürftige Patienten benötigen die stationäre Versorgung in einem Krankenhausbett nur noch wenige Tage. Zum Nutzen der Patienten ist die moderne Medizin weniger invasiv, dafür wirksamer und schonender. Das gilt für chirurgische Eingriffe und andere Leistungen, die einen hohen technisch-apparativen Aufwand erfordern, wie beispielsweise Strahlentherapien oder Chemotherapien. In manchen Fächern, wie der Augenheilkunde, ist diese "Ambulantisierung" dramatisch. Stationäre Betten werden nur noch für einen kleinen Teil der Patienten mit komplexen Verletzungen und Tumorerkrankungen benötigt. Der übrige Leistungsumfang des Faches und die Entwicklung neuer Techniken und Prozesse sind in den ambulanten Versorgungsbereich übergegangen.

Alle genannten Faktoren wirken sich auf den Bedarf an ärztlicher Arbeitskraft aus. Sie steigern diesen. Die verfügbaren Personalressourcen verknappen sich aktuellen Trends zufolge eher. Das würde bedeuten, dass weniger Ärzte mehr qualifizierte Leistungen erbringen müssen. Dabei ist es nicht so, dass das Interesse am Medizinstudium nachließe. Nach wie vor sind die medizinischen Fakultäten sehr gut besucht und regelmäßig gibt es mehr Bewerber als medizinische Studienplätze an den deutschen Universitäten. Auch gibt es Zahlen, die aufzeigen, dass die absolute Anzahl an klinisch tätigen Ärztinnen und Ärzten kontinuierlich zunimmt, im ambulanten wie im stationären Versorgungsbereich. Gab es im Jahre 1996 beispielsweise 119.500 ambulant tätige und 135.341 stationär tätige Ärztinnen und Ärzte, so waren es zehn Jahre später im ambulanten Bereich 16.545 Ärztinnen und Ärzte mehr. Im stationären Bereich gab es im gleichen Zeitraum ein Plus von 12.981 Ärztinnen und Ärzten.

Wie ist das Paradox zu erklären? Wiederum sind es mehrere Faktoren, die zusammen wirken. Sowohl in der Vertragsärzteschaft als auch im ärztlichen Dienst der Krankenhäuser ist momentan ein rascher Anstieg des Durchschnittsalters zu beobachten. Nach Angaben der KBV aus dem Jahre 2008 waren im Jahre 1993 8,8 % der Vertragsärzte 60 Jahre oder älter. Im Jahre 2008 demgegenüber waren bereits 18,1 % der Vertragsärzte 60 Jahre oder älter. In den nächsten Jahren wird die Quote an Ärzten wachsen, die aus dem Berufsleben ausscheidet. Die am häufigsten genannte Begründung für diese Überalterung ist, dass eine zeitlang viele Absolventen des Medizinstudiums sowie Ärztinnen und Ärzte in einer frühen Phase ihrer beruflichen Laufbahn, also in oder nach der Weiterbildung, in nicht-klinische Tätigkeiten abgewandert sind. So sind beim Nachwuchs Lücken entstanden. Die Folge ist, dass schon aus diesem Grund absehbar in manchen Fachgebieten und manchen Regionen Versorgungsdefizite drohen. Dies allein reicht aber als Erklärung noch nicht aus, denn weiterhin ist die absolute Zahl an klinisch tätigen Ärztinnen und Ärzten in Deutschland, im internationalen Vergleich betrachtet, hoch. Es müssen weitere Faktoren hinzu treten. Vier Faktoren sind zu nennen.

Als erstes fällt ein Verteilungsungleichgewicht ins Auge. In den Ballungsräumen, insbesondere in den Metropolzentren wie München, Hamburg, Frankfurt, Köln oder Berlin erreicht die Dichte an Hausärzten und Fachärzten die Weltspitze. Mehr an ambulant-ärztlicher Versorgung gibt es nirgendwo auf der Welt (- die Verteilung von Ärzten innerhalb der Stadtgrenzen, beziehungsweise der Zug in die kaufkraftstärkeren Stadtteile, zuletzt zunehmend thematisiert, bleibt hier außen vor). Auch auf absehbare Zeit wird es dort genügend Ärzte und Stellenbewerber geben. Aber außerhalb der Ballungszentren, häufig nur 30 – 40 Kilometer hinter der Stadtgrenze, in ländlichen und strukturschwachen Regionen, fällt der Gradient steil ab. So kommt es zu der schon sprichwörtlichen Unterversorgung mit Haus- und Fachärzten in der Uckermark. Die Besetzung freier Arztstellen ist hier schon heute schwierig. Je stärker die Entwicklung in den Ballungsräumen und außerhalb der Ballungsräume auseinanderläuft, desto weniger können einheitliche ordnungspolitische Rahmensetzungen den Problemen in beiden Räumen gerecht werden. Und eine kleinräumige Bedarfsplanung wird den relativen Mangel auch nicht korrigieren. Ein weiterer Faktor der Verknappung ärztlicher Arbeitskapazitäten ist die deutliche Zunahme weiblicher Ärzte. Der Grund hierfür ist, dass nach Zahlen des statistischen Bundesamtes Ärztinnen dem Arbeitsmarkt in Folge der häufigeren und längeren Elternzeiten im Vergleich zu ihren männlichen Kollegen rund 20% weniger Arbeitszeit zur Verfügung stellen. Betrug im Jahre 1991 der Frauenanteil unter berufstätigen Ärzten noch 33,6%, so ist er bis zum Jahre 2008 auf bereits 41,5% angestiegen, wie aus Daten der Bundesärztekammer hervorgeht. Die in den letzten Jahren beobachtete Zunahme an klinisch tätigen Medizinern beruhte vollständig auf dem Plus an Ärztinnen. An den Universitäten stellen Frauen mehr als zwei Drittel der Erstsemester-Studenten und rund 60% der Absolventen. Ein Anstieg auf einen Anteil von 70% in den nächsten Jahren wird erwartet. Ein dritter Grund für die Verknappung sind die Arbeitszeit- und Tarifregelungen im stationären Bereich, die eine Verkürzung der traditionell hohen Wochenarbeitszeiten gebracht haben. Als letzter Grund ist schließlich eine veränderte Einstellung zu dem Verhältnis von Beruf und Freizeit insgesamt zu nennen. Immer häufiger fordern (auch) junge Ärztinnen und Ärzte bei ihrer Bewerbung die Sicherheit, eine individuell unterschiedliche Balance von beruflicher Belastung und Ausgleichszeiten realisieren zu können. Die "Work-Life-Balance" ist wichtig. Die berufliche Belastung soll planbar und korrigierbar bleiben. Dazu gehören definierte Arbeitszeiten, flexibel geplante Urlaube, Familienleben, gelebte Hobbys. Und wenn zudem zunehmend beide Partner einer Lebensbeziehung Akademiker sind, steht die Koordination von zwei Karrieren im Vordergrund. Von vielen wird ein über die unterschiedlichen Lebensphasen zeitlich "skalierbares" Engagement für den Arztberuf angestrebt. Das aber heißt für jüngere Mediziner auch, die Bereitschaft, sich langfristig an eine eigene Praxis zu binden, mag schwinden. Eine Folge davon ist auch eine zunehmende Zurückhaltung, wenn es um die Aufnahme hoher Schulden im Zusammenhang mit einer Praxisgründung geht.

Werden die bisher genannten Argumente zusammengefasst, so ergibt sich folgendes Zwischenfazit:

Die Nachfrage nach medizinischen und pflegerischen Leistungen wird künftig zunehmen. Dies wird sowohl in Ballungszentren als auch auf dem Lande der Fall sein. Dabei zeichnet sich ab, dass medizinische Leistungen vermehrt ambulant und nicht mehr stationär erbracht werden.

Auch wenn die absolute Anzahl an Medizinern nicht abnehmen sollte, so nimmt die Summe medizinischer Personalressourcen nicht in dem Maße zu, wie die Nachfrage nach medizinischen Leistungen anwachsen wird. Hierbei werden starke regionale Unterschiede zu beobachten sein. Vor allem die medizinische Versorgung der Bevölkerung abseits von Ballungsgebieten wird eine zunehmende Herausforderung darstellen.

Die heranwachsenden Ärztegenerationen stellen an ihr Berufsleben andere Anforderungen als noch bisherige Generationen. Insbesondere (aber nicht nur) aufgrund der steigenden Anzahl weiblicher Ärzte wird qualifiziertes ärztliches Personal künftig mehr Wert auf ein ausgewogenes und planbares Verhältnis von Arbeit und Freizeit legen. Auch vor diesem Hintergrund werden viele es scheuen, sich durch langfristige Investitionen an eine eigene Praxis zu binden.

Die Finanzmittel, die für die Leistungen des Gesundheitswesens insgesamt zur Verfügung steht, werden nicht proportional zur wachsenden Nachfrage steigen. Der Kostendruck auf das Gesundheitssystem wächst, je mehr sich die Alterspyramide der Gesellschaft auf den Kopf stellt. Der Grund ist, dass eine kleiner werdende Zahl von Beitragszahlern immer mehr und auch immer teurere Leistungen des Gesundheitswesens finanzieren muss - und dies auch unter Berücksichtigung der Beiträge, die aus Renten heraus geleistet werden.

Der Lösungsansatz eines integrierten Gesundheitsdienstleisters

Die Lösung des aufgezeigten Problems seitens eines integrierten Gesundheitsdienstleisters liegt darin, die ärztlichen Kompetenzen und Kapazitäten bestmöglich zu nutzen. Dafür ist es zum einen notwendig, eine effiziente Organisation der medizinischen Versorgung in Strukturen und Prozessen zu realisieren. Zum anderen ist es erforderlich, attraktive Positionen und Tätigkeitsprofile für die gegenwärtigen und nachrückenden Ärztinnen und Ärzte anzubieten. Die Schnittstelle von ambulanter und stationärer Versorgung steht hierbei im Focus. Als Schlagworte gefasst - und als Leitidee der Entwicklung - soll die Versorgung integriert, interdisziplinär, koordiniert und proaktiv sein.

Integrierte Versorgung heißt, sie findet an Einrichtungen statt, an denen die althergebrachten Sektorengrenzen zwischen ambulanten und stationären Bereichen überwunden werden. Einem Arzt oder einer Ärztin etwa die Möglichkeit zu bieten, sowohl in einer ambulanten Einrichtung als auch parallel in einem stationären Bereich zu arbeiten, kann ihre Wünsche nach einer flexiblen Tätigkeit erfüllen und schafft die Voraussetzung, ein breites Spektrum des eigenen Faches selbständig abzudecken. Integrierte Versorgung bietet zudem die Möglichkeiten, einen Patienten in beiden Bereichen von dem gleichen Arzt behandeln zu lassen. Der Patient kann damit sektorenübergreifend und doch aus einer Hand versorgt werden.

Eine moderne Medizin ist interdisziplinär. Interdisziplinär heißt, dass neben der Verbindung zwischen ambulanten und stationären Bereichen keine nennenswerten Grenzen zwischen einzelnen Fachgebieten oder -stationen bestehen. Interdisziplinär heißt, dass eine enge, fachübergreifende Zusammenarbeit stattfindet, in der patienten- und problemorientiert alle sinnvollen medizinischen Leistungen aufeinander abgestimmt werden. Die zeitlich und und räumlich eng abgestimmte Konsultation und Kooperation über Fachgebietsgrenzen hinweg ist die Basis von resourcenschonenden Prozessen.

Eine moderne Medizin ist koordiniert. Koordiniert bedeutet, dass Pfade für die Patientenversorgung vordefiniert sowie Weichenstellungen bekannt und kommuniziert sind. Dabei bedeutet "Versorgungspfad", dass Behandlungskorridore beschrieben werden, die je nach Evidenzlage und Verfügbarkeit von "best-practice-Ansätzen", weiter oder schmaler beschrieben werden. Die Arbeit von

Teams in den verschiedenen Bereich wirkt Fach- und sektorenübergreifend Hand in Hand.

Eine moderne Medizin zudem ist schließlich proaktiv. Proaktiv ist eine Medizin, in der vorausschauend auf Begleitumstände in der Anamnese des Patienten geachtet wird. Insbesondere geht es darum, Patienten, die aus den Umständen ihrer Erkrankung heraus das Gesundheitssystem nicht rechtzeitig in Anspruch nehmen, aktiv zu kontaktieren. Beispiele sind alleinstehende depressive Patienten oder alkoholkranke Diabetiker.

Das 2-Säulen-Modell

In einem integrierten Versorgungsverbund werden nach Möglichkeit alle Ebenen der medizinischen Versorgungsstufen vorgehalten, von der Klinik der Grund- und Regelversorgung bis hin zu Häusern der Maximal- und Schwerpunktversorgung. Mit Häusern der Grund- und Regelversorgung muss die medizinische Versorgung der Menschen in Deutschland heute und auch in Zukunft gerade dort gesichert werden, wo Menschen nach wie vor medizinische Leistungen in Anspruch nehmen möchten: Am oder in vertretbarer Entfernung zum eigenen Wohnort. Aufgabe der Häuser der Maximal- und Schwerpunktversorgung in dem Säulenmodell ist es, aufbauend auf der Grund- und Regelversorgung, dem Menschen im Bedarfsfalle eine optimale, alle Spezialqualifikationen und technisch-apparativen Voraussetzungen bietende Versorgung zu gewähren. Das Säulenmodell wird zudem komplettiert durch eine Verbindung von stationärer und ambulanter Leistungserbringung. Diese Verbindung stationärer Strukturen mit ambulanten Bereichen kann erfolgen durch eine enge, abgestimmte Kooperation mit niedergelassenen Ärztinnen und Ärzten im Umkreis einer Klinik sowie durch die Integration einer MVZ-Struktur. Ein Ziel dieses Ansatzes ist es, eine Tätigkeit von Fachärzten in beiden Versorgungssektoren zu erreichen, unabhängig von der primären Basis ihrer Wirkungsstätte. Das Säulenmodell wirkt unabhängig von der Form oder der Art ärztlicher Tätigkeit und losgelöst von der Frage, ob eine ärztliche Leistung in einem Anstellungsverhältnis, von einem Selbständigen oder von einem Arzt erbracht wird, der selber Gesellschafter eines MVZ ist. Mittel- bis langfristig wird dieser Ansatz dazu führen, die Sektorengrenzen zwischen ambulanten und stationären Bereichen zum Verschwinden zu bringen.

Ein wichtiger Teil des Säulenmodells ist der Einsatz moderner EDV-Systeme. Sie dienen beispielsweise einem einheitlichen und zeitnahen Informationsfluss von Patientendaten. Auch durch den Einsatz derartiger Kommunikationssysteme kommt es zu einer Verbesserung von Behandlungspfaden, in die neben den MVZ, den Häusern der Grund- und Regelversorgung und den Schwerpunktversorgungshäusern auch externe Haus- und Fachärzte eingebunden werden können. Andere Beispiele aus diesem Bereich sind moderne Krankenhausinformationssysteme oder Krankenhausabrechnungssysteme. Diese Systeme versprechen die Realisierung von Synergie- und Effizienzeffekten sowohl in dem einzelnen Haus als auch im standortübergreifenden Verbundeinsatz.

Die Potentiale Medizinischer Versorgungszentren

Bereits angesprochen wurden die steigenden Anforderungen, die derzeitige und künftige Ärzte und Ärztinnen an ihre "work-life-balance" sowie an die "Skalierbarkeit" ihrer Arbeitsbelastung stellen. Deutlich wurde auch, dass eine althergebrachte Medizinerkarriere, sei sie nun im Krankenhaus oder in der eigenen Praxis angesiedelt, diesen Anforderungen kaum genügen kann. Absehbar ist zudem, dass sowohl aufgrund des medizinischen Fortschritts aber auch aufgrund eines steigenden Kostendruckes im Gesundheitswesen mehr und mehr Behandlungen vom stationären in den ambulanten Bereich verlagert werden.

Die veränderte Einstellung der Menschen zum Verhältnis von Beruf und Freizeit wirkt sich unmittelbar aus auf ihre Bereitschaft, Überstunden, Nacht- und Wochenenddienste zu leisten. Dies stellt für Krankenhäuser und auch für Praxen eine zunehmende Herausforderung dar. Gefordert sind neue flexible Tätigkeitsprofile und Arbeitszeitmodelle.

Das aber heißt auch, die Bereitschaft, sich durch Investitionen und Kredite in eine eigene Praxis langfristig an einen Ort – ggf. auch auf dem Lande – zu binden, schwindet. Auch werden junge Ärzte – zunehmend als akademische Doppelverdiener – eher bereit sein, zugunsten eines planbaren Familien- und Freizeitlebens zunächst auf die ganz große Karriere zu verzichten und es in Kauf nehmen, für sich genommen weniger zu verdienen, als bisherige Medizinergenerationen. Auch die Aussicht auf eine rund-um-die-Uhr-Bereitschaft eines Praxisinhabers verträgt sich nicht so sehr mit dem Wunsch nach einer planbaren Freizeit für ein erfülltes Familienleben und ein gelebtes

Hobby. Zudem wächst auf Seiten jüngerer Medizinergenerationen ein Verlangen nach einer verstärkt interdisziplinären und teamorientierten Arbeitsorganisation.

Demgegenüber haben sich ältere Mediziner in vielen Fällen mit der eigenen Praxis einen Teil der Alterssicherung aufgebaut. Damit fällt die Aufgabe der eigenen Praxis umso schwerer, je stärker sich abzeichnet, dass sich diese Investition in die eigene Altersvorsorge inzwischen wahrscheinlich weit weniger als gehofft rentiert. Das Problem der Nachfolgeregelung trifft immer mehr Ärzte – und auch hier sind verstärkt strukturschwache und ländliche Regionen betroffen. Lange nicht jeder Praxisinhaber wird für seine Praxis die erhoffte oder überhaupt eine Nachfolgeregelung finden. Praxen werden mit dem Ausscheiden ihrer Inhaber geschlossen werden.

Auf der Grundlage von § 95 SGB V kann Ärzten und Ärztinnen ein breitgefächertes Kooperationsangebot unterbreitet werden, ihre beruflichen Ziele mit ihren privat-/familiären Wünschen zusammen zu verwirklichen. Dadurch können einerseits zahlreiche ausgebildete Mediziner und Medizinerinnen dem Arztberuf auch neben der Familienplanung und dem Familienleben erhalten bleiben. Und andererseits können insbesondere in ländlichen Bereichen Arztsitze in einer weiteren Generation fortgeführt und übertragen werden. Davon können auch Praxisinhaber profitieren, die die Investition in ihre Praxis als Altersvorsorge geplant haben und mittlerweile feststellen müssen, dass der Markt für Arztpraxen nicht ihren ursprünglichen Vorstellungen entspricht.

Die Tätigkeit in einem MVZ als angestellter oder selbständiger Arzt bietet eine Vielzahl von Vorteilen. So ist kein Arzt für sich gezwungen, das wirtschaftliche Risiko einer Praxis(-übernahme) oder die Investitionen in medizinische Gerätschaften, neue Gebäude oder in Personal allein zu schultern. Durch die Kooperation mit weiteren Ärzten im MVZ werden die Arbeitsbelastung und Arbeitszeitverteilung planbar. MVZ-Ärzte können von logistischen und verwaltungstechnischen Arbeiten entlastet werden. Dies verschafft ihnen weiteren Freiraum für die eigentliche Patientenbehandlung.

Mit der Anzahl der Fachrichtungen, die in einem MVZ vertreten sind, steigt auch die Möglichkeit der interdisziplinären Teamarbeit. Soweit ein MVZ an oder in der Nähe eines Krankenhauses angesiedelt ist, bieten sich weitere Kooperationsformen an. So kann ein MVZ-Arzt auch im zulässigen Rahmen sowohl im MVZ als auch im jeweiligen Krankenhaus tätig sein.

Dienstleister, die an mehreren Standorten vertreten sind, können ihren Ärzten zudem die Möglichkeit bieten, über die eigenen Ortsgrenzen hinaus in andere Einrichtungen ggf. jeder Versorgungsstufe Einblicke zu nehmen und Erfahrungen auszutauschen. Das kann sogar geschehen, ohne dass der Arzt den Arbeitgeber wechselt. Auch dies mag im Rahmen der eigenen Weiterbildung des Arztes interessant sein oder auch nur die eigene Tätigkeit abwechslungsreicher und vielgestaltiger werden lassen.

Der Pharmastandort Deutschland im Lichte nationaler Regulierungssysteme

Wolfgang Plischke

Es ist eine schöne Tradition bei den „Bad Orber Gesprächen" die kontroversen Themen im Gesundheitswesen zu diskutieren. Eines dieser kontroversen Themen ist sicherlich die Regulierung des Arzneimittelmarktes und die Konsequenzen für den Pharmastandort Deutschland.

Gesundheitswirtschaft im Aufschwung

Werfen wir zunächst einen Blick auf den Standort Deutschland: In diesem Jahr werden mit Gesundheitsleistungen in Deutschland fast 260 Milliarden Euro umgesetzt – das entspricht etwa dem gesamten Bundeshaushalt im Jahr 2006. Und diese Erfolgsgeschichte könnte fortgeschrieben werden: Bis 2020 erwarten Experten eine Umsatzsteigerung auf 422 Milliarden Euro. Von den rund 40 Millionen Erwerbstätigen in Deutschland arbeiten heute 4,3 Millionen Menschen im Gesundheitswesen, Damit sind in dieser Branche viermal mehr Menschen beschäftigt als zum Beispiel in der gesamten Automobilindustrie – inklusive aller Zulieferer. Das sind wahrlich beeindruckende Zahlen und es ist erfreulich, dass die neue Bundesregierung die Bedeutung des Gesundheitsmarktes erkannt und im Koalitionsvertrag verankert hat. Sie sieht darin den wichtigsten Wachstums- und Beschäftigungssektor in Deutschland. Die Gründe dafür liegen auf der Hand: Einerseits tragen der demografische Wandel und ein steigendes Gesundheitsbewusstsein der Bevölkerung zu einer wachsenden Nachfrage bei. Andererseits gibt es den medizinisch-technischen Fortschritt, der sich im Angebot neuer Diagnose- und Therapieverfahren widerspiegelt.

Einen entscheidenden Beitrag zur Lebensqualität der Menschen in unserem Land leisten die forschenden Pharma-Unternehmen. Durch neue und neuartige Medikamente werden stetig wichtige Fortschritte in der Medizin ermöglicht. Denken Sie etwa an die Behandlung von Gehirntumoren oder Prostatakrebs. Insgesamt wurden durch die forschenden Pharma-Unternehmen im vergangenen Jahr 31 Medikamente mit neuen Wirkstoffen auf den Markt gebracht. Dabei handelt es sich in erster Linie um innovative Medikamente gegen schwere und lebensbedrohliche Krankheiten. Beispielsweise neue Antibiotika und Mittel gegen Brust-, Darm- und Prostatakrebs sowie gegen Thrombosen, Epilepsie und AIDS.

Die gute Nachricht ist, auch 2009 wird eine ähnlich hohe Zahl an neuen Medikamenten die Marktreife erlangen. Bis Mitte des Jahres waren es bereits 15. Der Verband forschender Arzneimittelhersteller, dessen Vorsitzender ich bin, hat im Rahmen einer Umfrage ermittelt, dass die Mitgliedsunternehmen an 442 neuen Arzneimitteltherapien arbeiten, die bis 2013 zugelassen werden könnten. Krebspatienten werden davon in besonderem Maße profitieren, denn knapp ein Drittel aller neuen Behandlungsmöglichkeiten werden für sie entwickelt. Nicht zuletzt dank neuer Medikamente hat sich die Lebenserwartung in Deutschland in den letzten 20 Jahren bei Frauen um vier, bei Männern um 5 Jahre erhöht.

Die pharmazeutische Industrie beschäftigt alleine in Deutschland 113.000 Mitarbeiter und erwirtschaftete 2008 einen Umsatz von 32 Milliarden Euro bei einer Nettowertschöpfung von 101.500 Euro pro Beschäftigtem. So gehört die Pharmaindustrie zu den leistungsfähigsten und produktivsten Wirtschaftszweigen in Deutschland und löst darüber hinaus erhebliche Umsatz- und Beschäftigungseffekte in der Zuliefererbranche aus: Für jeden Arbeitsplatz in der Branche entsteht ein weiterer in der Zuliefererindustrie.

Ein weiterer Vorteil: Die Pharmaindustrie ist eine innovationsgetriebene Branche. Darum haben die vfa-Mitgliedsunternehmen ihr Engagement bei Forschung und Entwicklung weiter ausgebaut. Die F&E-Aufwendungen stiegen 2008 um fast 7 Prozent auf mehr als 4,8 Milliarden Euro, das sind mehr als 13 Millionen Euro pro Tag! Und obwohl pharmazeutische Produkte nur etwa 2,5 Prozent des Gesamtumsatzes der deutschen Industrie ausmachen, bringen die forschenden Pharma-Unternehmen mehr als 10 Prozent der gesamten F&E-Ausgaben in Deutschland auf. Damit tragen wir überproportional dazu bei, dem Lissabon-Ziel der EU, mindestens drei Prozent des Bruttoinlandsproduktes für Forschung und Entwicklung aufzuwenden, näher zu kommen. Bayer ist ein Teil dieser Bilanz: Wir haben unser Forschungs- und Entwicklungsbudget alleine im Pharmabereich in diesem Jahr weiter aufgestockt, auf rund 1,5 Mrd. Euro. Davon fließen rund zwei Drittel nach Deutschland – und das, obwohl wir hier nur 10 Prozent unserer Umsätze erzielen.

Gerade in den Zeiten der Wirtschaftskrise hat sich gezeigt, welche Branchen jetzt und in Zukunft Stabilitätsanker und Treiber der wirtschaftlichen Entwicklung sein können. Die Pharmabranche gehört ganz sicher dazu. Sie ist ein wichtiger Innovationsmotor, der sich in punkto Umsatzentwicklung, Beschäftigtenzahlen und Forschungsinvestitionen bislang als robust erwiesen hat. Dieser wirtschaftliche Erfolg steht und fällt mit der Entwicklung innovativer Arzneimittel und ihrem Zugang zum Patienten.

Pharmastandort Deutschland: Licht und Schatten

Schauen wir uns die Stärken des Standortes näher an. Ein Schlüsselfaktor für den deutschen Pharmastandort ist ein starkes wissenschaftliches Fundament, das aus einer großen Zahl von hochqualifizierten Wissenschaftlern und Fachkräften besteht. Es gibt ein dichtes Netz von guten Universitäten und außeruniversitären Forschungseinrichtungen. In der Produktion herrschen ein hoher technischer Standard und eine außerordentlich hohe Kompetenz der Mitarbeiter bei der Fertigung komplexer Produkte. Für Bayer als forschendes Pharma-Unternehmen möchte ich eine Stärke unseres Heimatmarktes ganz besonders hervorheben: Die Marktpreisbildung für innovative Medikamente ist im internationalen Vergleich ein wesentlicher Standortvorteil Deutschlands. Ein ebenso wichtiger Standortfaktor ist die Tatsache, dass es in Deutschland nach erfolgter Zulassung innovativer Medikamente praktisch keine Verzögerungen bei der Markteinführung durch Verhandlungen über die Erstattungshöhe und die Erstattungsfähigkeit innovativer Medikamente gibt. Daraus ergibt sich, dass innovative Medikamente europaweit oft zuerst in Deutschland eingeführt werden. Deutschland kommt somit eine wichtige Funktion als Leitmarkt zu, was auch eine wichtige Voraussetzung für den wirtschaftlichen Erfolg auf den Exportmärkten darstellt.

Wo es viel Licht gibt, gibt es auch Schatten. Die Rahmenbedingungen am Standort Deutschland weisen einige Nachteile auf, an denen die jüngere Gesundheitspolitik nicht ganz unschuldig ist. Die vielen kurzatmigen „Reformen" im Gesundheitswesen, die wir in den letzten Jahren erlebt haben, dienten vor allem dem Ziel der schnellen Kostendämpfung. Sie haben dafür gesorgt, dass sich der Arzneimittelsektor heute in einem Regulierungsdschungel befindet, den allenfalls noch Experten durchschauen. Aufregulierung statt Deregulierung war stets die Devise. Reflexartig wurde der Arzneimittelsektor oft vor allem als „Spardose" für die begrenzten Finanzen der Gesetzlichen Krankenversicherung angesehen.

Regulierung im Übermaß

Aktuell existieren mehr als 20 unterschiedliche Regulierungsinstrumente alleine im Arzneimittelsektor. Sie wirken auf Preis, Menge und die Struktur der verordneten Arzneimittel. Bereits vor gut drei Jahren haben die Professoren Wille und Cassel in ihrem Gutachten für das Bundesgesundheitsministerium auf das, ich zitiere, „äußerst umfangreiche, ständig erweiterte Regulierungsspektrum" hingewiesen, das „offenkundig mit den Leitbildern Transparenz und Schlüssigkeit, Planbarkeit sowie Wettbewerbs- und Innovationsfähigkeit konfligiert[1]." Dies geht zu Lasten der Hersteller, denke ich an Planbarkeit und Investitionsbereitschaft, und zu Lasten der Ärzte, denke ich an die wachsende Bürokratie. Und nicht zuletzt schadet dies auch den Patienten, die zunehmend verunsichert werden und die – entgegen aller Beteuerungen – nur selten im „Mittelpunkt" stehen: Etwa wenn die Absenkung von Festbeträgen dafür sorgt, dass Patienten wieder höhere Zuzahlungen leisten müssen oder wenn Patienten den erneuten Wechsel ihres Medikaments hinnehmen müssen, weil ihre Krankenkasse neue Rabattverträge abgeschlossen hat.

Besorgt bin ich auch über die relativ niedrige Durchdringung des deutschen Arzneimittelmarktes mit innovativen Medikamenten. Hier gehört Deutschland zu den europäischen Schlusslichtern: Während der Anteil innovativer Arzneimittel in Ländern wie Frankreich, Spanien und Italien bei rund 13 Prozent liegt, ist der Anteil hierzulande weit niedriger – nur etwa 6 Prozent der verschriebenen Präparate sind in den letzten fünf Jahren auf den Markt gekommen. Warum ist das so? Einer der Gründe liegt auch hier in der Regulierungsdichte des Arzneimittelmarktes. Ein Gutachten von Professor Dierks zu den Inkonsistenzen im Arzneimittelmarkt hat gezeigt, dass auch ein neues, patentgeschütztes Medikament auf eine Vielzahl von Instrumenten treffen kann, wenn es erst einmal auf dem Markt ist. Für einen betroffenen Arzneimittelhersteller ist damit im Regelfall nicht vorhersehbar, welche Regelung für sein Arzneimittel zur Anwendung kommen wird.

Die angemessene Versorgung der Patienten mit innovativen Arzneimitteln auch in Zukunft sicherzustellen, ist von herausragender Bedeutung. Ich bin froh, dass die neue Regierungskoalition dies auch so sieht. Im Koalitionsvertrag heißt es: „Wir wollen, dass den Patientinnen und Patienten in Deutschland auch künf-

---

[1] Cassel, Wille, Steuerung der Arzneimittelausgaben und Stärkung des Forschungsstandortes für die pharmazeutische Industrie, Gutachten im Auftrag des BMG, Juni 2006, S. 394

tig innovative Arzneimittel zur Verfügung stehen." Eng damit zusammen hängt natürlich auch die Frage der Kosten-Nutzen Bewertung von Arzneimitteln. Dieses Instrument hat sich in seiner bisherigen Ausgestaltung als nicht praxistauglich erwiesen. Lassen Sie mich aber auch klarstellen: Ein verantwortlicher Umgang mit den vorhandenen Ressourcen im Gesundheitssystem ist nicht nur gesetzlich geboten, er ist auch ethisch zwingend erforderlich. Deshalb möchte ich unterstreichen, wie wichtig eine wissenschaftlich breit akzeptierte Methodik und ein transparentes, ergebnisoffenes Verfahren sowie eine frühzeitige und angemessene Beteiligung der Betroffenen in allen wesentlichen Verfahrensschritten ist. Der Koalitionsvertrag hat erfreulicherweise zur Arbeit des Instituts für Qualität und Wirtschaftlichkeit im Gesundheitswesen bereits Nachholbedarf formuliert.

(Qualitäts-)wettbewerb statt Regulierung

Es sind zum Teil verheißungsvolle Signale, auf die sich die Koalitionspartner geeinigt haben. Unter anderem will die neue Bundesregierung das Regulierungssystem im Arzneimittelmarkt unter patienten-, mittelstandsfreundlichen und wettbewerblichen Kriterien analysieren. Weiter heißt es: „Die Überregulierung wird abgebaut".

Meine Bitte geht deshalb in Richtung der Bundesregierung, diesen vielversprechenden Ankündigungen nun auch Taten folgen zu lassen. Wichtig ist dabei, dass regulatorische und wettbewerbliche Instrumente in eine ausgewogene Balance gebracht werden. Als Unternehmen mit Hauptsitz in Deutschland spüren wir selbstverständlich auch Mitverantwortung für diesen Standort. Dem wollen wir uns auch in der Gesundheitspolitik nicht entziehen. Deshalb bekennen wir uns grundsätzlich zu mehr Wettbewerb im Arzneimittelmarkt.

Der Gesetzgeber hat mit der Möglichkeit, Selektivverträge zwischen Krankenkassen und Herstellern über bestimmte Arzneimittel abzuschließen, das Tor zu mehr Wettbewerb aufgemacht. Die Marktteilnehmer hatten nun schon einige Zeit, durch dieses Tor einzutreten, Erfahrungen zu sammeln und neue Formen der Kooperation auszuprobieren. Auch Bayer hat sich hier aktiv eingebracht. So haben wir für unser Multiple-Sklerose Medikament *Betaferon®* mit dem größten Teil der gesetzlichen Krankenkassen Mehrwert- und Rabattverträge abgeschlossen.

Es braucht aber auch einige Zeit, damit Wettbewerb sich entsprechend entfalten kann. Wettbewerb braucht Entwicklungschancen und Spielräume, nicht alles muss zentral geregelt sein! So wie im generikafähigen Marktsegment eindimensionale Rabattverträge Effizienzreserven gehoben haben, so können in Zukunft im innovativen Bereich mehrdimensionale Verträge Effizienz und Qualität der Versorgung sicherstellen. Denn reine Rabattverträge mit ihrer ausschließlichen Fokussierung auf die Preiskomponente werden innovativen Arzneimitteln keineswegs gerecht. In diesem Marktsegment kann es allenfalls um Mehrwertverträge gehen, die vor allem die Verbesserung der medizinischen Versorgung zum Ziel haben. Auch die langsame Marktdurchdringung mit innovativen Medikamenten könnte dadurch in Deutschland abgebaut werden. Es geht bei solchen Mehrwertverträgen tatsächlich um einen Wettbewerb um Leistungen, Preise und Qualität. So steht es auch im Koalitionsvertrag. Bei allem Optimismus muss aber auch klar sein, dass dies nicht ohne einen geeigneten Rahmen gehen kann.

Der Rahmen für Vertragswettbewerb muss stimmen

Aus unserer Sicht müssen zwei Bedingungen erfüllt sein:

1. Wer Verträge will, muss konterkarierende Regelungen abbauen: Ein erster, völlig unkritischer Deregulierungsschritt und gleichzeitig ein hoffnungsvolles politisches Signal wäre die Streichung der Festbeträge der Stufe 1, die mit der Verbreitung von Rabattverträgen im generikafähigen Markt wirklich überflüssig geworden sein dürften. Weitere Punkte auf unserer „Deregulierungs-Wunschliste": Streichung der Zwangsrabatte, der Parallelimportförderklausel, sowie die Abschaffung von sogenannten Festbetrags-Jumbogruppen aus patentgeschützten und patentfreien Arzneimitteln. Der Arzt sollte im Übrigen wieder unabhängiger werden von der ökonomischen Verantwortung im Arzneimittelsektor und bei der Verordnung allein der Wirksamkeit und Sicherheit verpflichtet sein. Entsprechend sollte eine Freistellung des Arztes von der Wirtschaftlichkeitsprüfung erfolgen.

2. Für die Krankenkassen muss bei Vereinbarungen in vollem Umfang das Wettbewerbs- und Kartellrecht gelten. Denn die bisherigen Regelungen reichen als Korrektiv nicht aus, um den Arzneimittelherstellern das notwendige Verhandeln mit „gleich langen Spießen" zu ermöglichen. Die neue Bundesregierung wird dies hoffentlich – wie im Koalitionsvertrag angekündigt – in Angriff nehmen.

Sind diese Bedingungen erfüllt, könnten Kassen und Pharmaunternehmen im Wettbewerb die Erstattungskonditionen auch für neue Arzneimittel verhandeln. Unser politischer Kompass zeigt dabei deutlich mehr in Richtung dezentraler Verhandlungslösungen als in Richtung zentraler Festsetzungen seitens des Spitzenverbands der Krankenkassen. Vor dem Hintergrund des steigenden Bedarfs nach Innovationen und dem Erhalt des ungehinderten Zugangs der Versicherten zu neuen Medikamenten kann ich die Sorge der Politik nachvollziehen, dass auf Dauer die begrenzten Einnahmen der Gesetzlichen Krankenversicherung nicht mehr ausreichen könnten, um die Ausgaben zu kompensieren. Die Finanzierungsfähigkeit des Systems rückt damit verstärkt in den politischen Fokus. Gesucht werden neue, geeignete Erstattungsmodelle für innovative Arzneimittel, die einerseits den Zugang zum Markt nicht verzögern oder sogar verhindern und die Preisautonomie des Herstellers nicht behindern, die aber andererseits den endlichen Ressourcen der Gesetzlichen Krankenversicherung Rechnung tragen.

Bei innovativen Arzneimitteln könnten zum Beispiel in Indikationen, in denen andere Therapien verfügbar sind, zentrale Nutzen- bzw. Kosten-Nutzen-Bewertungen des IQWiG als Grundlage bzw. Richtschnur für Verhandlungslösungen zwischen den Krankenkassen und den Herstellern oder auch zwischen dem GKV-Spitzenverband und dem Hersteller herangezogen werden. Eine methodisch einwandfreie Kosten-Nutzen-Bewertung wäre dafür zwingende Voraussetzung. Daneben gibt es natürlich – und zwar in zunehmendem Maße – auch innovative Arzneimittel, für die es keine Therapiealternativen gibt, denken Sie etwa an den Bereich der onkologischen Versorgung. Es liegt auf der Hand, dass bei diesen „Solitärarzneimitteln" eine vergleichende Nutzen- bzw. Kosten-Nutzen- Bewertung nicht möglich ist. Bei solchen Arzneimitteln könnten zwischen den Krankenkassen und den Herstellern ganzheitliche Vertragsmodelle zum Zuge kommen. Qualitative Versorgungsaspekte und Aspekte der medizinischen Ergebnisqualität mit flexibel darauf abgestimmten Erstattungsmerkmalen könnten hier gegebenenfalls sinnvoll in Einklang gebracht werden. Das Geld folgt in diesen Fällen produktspezifisch der Leistung: Erst wenn bestimmte Parameter zur medizinischen oder versorgungsspezifischen Prozess- und Ergebnisqualität erfüllt sind, würde der Marktpreis durch die Gesetzliche Krankenversicherung in vollem Umfang erstattet werden. Auf diesem Weg kann auch eine stärkere Patientenorientierung etabliert werden. Ich gehe davon aus, dass meine Nachredner auf diesen Aspekt noch näher eingehen werden.

Mutige Finanzreform in der Gesetzlichen Krankenversicherung nötig

Gestatten Sie mir abschließend Ihren Blick auf die von der neuen Regierung anvisierte Reform der Finanzierung der Gesetzlichen Krankenversicherung zu lenken: Aus unserer Sicht ist es erfreulich, dass Union und FDP vereinbart haben, die Gesundheitskosten von den Lohnzusatzkosten weitgehend zu entkoppeln. Das ist ein Schritt in die richtige Richtung. Die Koalition sollte dann aber auch den Mut haben, die Finanzierung der Gesetzlichen Krankenversicherung auf einkommensabhängige Pauschalen umzustellen. Natürlich kommt es dabei ganz wesentlich auf den richtigen sozialen Ausgleich an. Er sollte über das Steuersystem erfolgen. Denn ist das Steuersystem nicht der bessere Ort für sozialpolitisch notwendige Umverteilung als das bisherige Beitragssystem, bei dem die Solidarität bei einem Einkommen von etwas mehr als 3.500 Euro endet?

Eines steht fest: Eine solche Systemreform ist ein ehrgeiziges politisches Vorhaben, das inhaltlich ausreichend und sensibel vorbereitet sein will. Insofern begrüßen wir die Absicht, ein neues Finanzierungsmodell durch eine Regierungskommission entwickeln zu lassen. Hier geht Gründlichkeit unbedingt vor Schnelligkeit. Wir sehen jedenfalls in dieser Ankündigung ein wichtiges Signal, dass endlich auch wieder über grundsätzlich andere Organisations- und Finanzierungsmodelle des Sozialstaates nachgedacht werden soll. Angesichts der bekannten Herausforderungen – insbesondere durch die demografische Entwicklung – ist dies auch dringend ratsam.

Finanzierungsfragen berühren oft auch unmittelbar Fragen des Leistungskataloges. Dabei hilft manchmal auch ein Blick über den nationalen Tellerrand. Deshalb haben wir untersuchen lassen, wie einige unserer westeuropäischen Nachbarn die Erstattung von Arzneimitteln regeln. Dabei wurde geprüft, in welchen westeuropäischen Ländern Arzneimittel nicht mehr vollständig, also zu 100 Prozent, erstattet werden, welche verschiedenen Erstattungsraten es gibt und nach welchen Kriterien Erstattungskategorien in den einzelnen Ländern gebildet werden. Das Ergebnis: Es gibt in vielen Ländern Teilerstattungssysteme für die Arzneimitteltherapie. Ein Beispiel: In Frankreich werden Antihypertonika nur zu 65 Prozent, Präparate gegen Prostatavergrößerung nur zu 35 Prozent erstattet.

Auch wenn klar ist, dass man solche Regelungen nicht 1:1 nach Deutschland übertragen kann: Aus unserer Sicht könnte die Option einer gestaffelten, teilweisen Erstattung – unter Beibehaltung des bisherigen Leistungskataloges – die scharfe Trennung zwischen Grund- und Wahlleistungen abmildern. Das bisher recht starre deutsche Entscheidungsmuster "Erstattung oder Nichterstattung" könnte damit in eine deutlich größere Flexibilität überführt werden. In diese Richtung scheinen ja auch die Überlegungen der neuen Koalition zu gehen, wenn sie von einer „Mehrkostenregelung" bei den Wahlleistungen spricht. Letztlich führt dies zu einer Stärkung der Eigenverantwortung und könnte dazu beitragen, die Finanzsituation der gesetzlichen Krankenkassen zu verbessern. Es ist aber auch klar, dass eine soziale Abfederung bzw. die Ergänzung durch private Zusatzversicherungen in diese Überlegungen einbezogen werden müssen. Denn Teilerstattungssysteme führen tendenziell zu einer stärkeren Selbstbeteiligung der Versicherten.

Der Pharmastandort hat Potenzial

Es wird nun darauf ankommen, dass der Gesetzgeber bei der nächsten Reform die Wachstums-, Beschäftigungs- und Innovationspotenziale des Pharmastandortes im Blick behält. Denn nur an einem guten Pharmastandort können die Unternehmen auf Dauer Arbeitsplätze und Wohlstand schaffen und gleichzeitig den therapeutischen Fortschritt garantieren. In die neue Bundesregierung setze ich einige Hoffnung, dass sie sich der drängenden Probleme im Gesundheitssystem annimmt. Der neue Gesundheitsminister Philipp Rösler hat – mit Verweis auf den Koalitionsvertrag – bereits erste Akzente gesetzt. Es wird nun darauf ankommen, tragfähige Lösungen zu entwickeln und diese dann auch umzusetzen. Denn nur so kann es gelingen, unser Gesundheitssystem dauerhaft für die Zukunft fit zu machen. Als forschendes Pharma-Unternehmen sehen wir unsere Verantwortung. Wir möchten deshalb in der derzeit schwierigen gesamtwirtschaftlichen Lage unseren konstruktiven Beitrag leisten.

Die neue Welt selektiver Verträge im Gesundheitswesen

Dierk Neugebauer

1.1 Vorwort

Die Rahmenbedingungen im deutschen Gesundheitswesen haben sich in den vergangenen Jahren deutlich verändert. Getrieben von einer erheblichen Finanzierungslücke im System der Gesetzlichen Krankenkassen und den damit einhergehenden Ängsten in der Bevölkerung vor einer möglichen Zwei-Klassen-Medizin sowie einer hohen Innovationsdynamik der forschenden Pharmahersteller andererseits hat der Gesetzgeber reagiert. Sukzessive wurden eine Reihe von Instrumenten etwa im Beitragssicherungsgesetz, im Gesundheitssystemmodernisierungsgesetz, im GKV-Wettbewerbsstärkungsgesetz sowie parallel zum Gesundheitsfonds etabliert, mit denen die Akteure im Gesundheitsmarkt neue Lösungen zur Versorgung entwickeln können. Unter anderem hat die beständige Umgestaltung mit einer zunehmenden Wettbewerbsorientierung dazu geführt, dass mit der Möglichkeit „selektiver Kontrakte" ein Bypass für das tradierte kollektive Vertragsrecht zwischen Kassen und Arzneimittelherstellern geschaffen wurde. Das zentrale Ziel dabei: Patienten trotz begrenzter Ressourcen auch künftig die nötigen Leistungen finanzieren zu können, die zu einer Erhöhung von Lebenserwartung und Lebensqualität führen. Als forschendes Pharmaunternehmen geht Novartis die Herausforderung aktiv an und gehört damit zu den Pionieren bei der Gestaltung innovativer Vertragskonstellationen zwischen Gesetzlichen Krankenkassen und der Industrie. Von diesen neuen selektiven Verträgen, für die in Deutschland gerade erst die gesundheitsökonomischen Kalkulationsgrundlagen entwickelt werden, können Patienten, Ärzte, Kassen und Unternehmen profitieren.

1.2 Der Wandel des deutschen Gesundheitssystems

Neueste Berechnungen von Experten aus dem Bundesgesundheitsministerium, dem Bundesversicherungsamt und dem GKV-Spitzenverband lassen keinen Zweifel aufkommen: 2010 werden die Gesetzlichen Krankenkassen eine Finanzierungslücke von rund 7,8 Milliarden Euro aufweisen[1]. Das Defizit soll durch Steuerzuschüsse in Höhe von 3,9 Milliarden Euro sowie durch Zusatzbeiträge der Krankenkassen über rund zwei Milliarden Euro kurzfristig abgefangen wer-

---

[1] Quelle: GKV-Schätzerkreis, 8.01.2010

den. Vor allem angesichts des demographischen Wandels sowie einer steigenden Krankheitsanfälligkeit der Bevölkerung – in den nächsten Jahren wird alleine eine Verdoppelung der bekannten Diabetesfälle von heute 6 auf dann 12 Millionen in Deutschland erwartet – dürfte die Gesetzliche Krankenversicherung (GKV) auch künftig mit massiven Finanzierungsengpässen zu kämpfen haben. Weil das Durchschnittsalter der Bevölkerung unaufhörlich steigt und die technische Entwicklung rasch voranschreitet sind sich Experten einig, dass die Reformen am System fortgeführt werden müssen; der Fokus dabei aber stärker als bislang auf die Einnahmenseite gelegt werden sollte. Denn tatsächlich krankt die GKV in erster Linie an einem Einnahmeproblem, welches sich regelmäßig in schwierigen ökonomischen Zeiten noch einmal verstärkt. So sank der Anteil der Arbeitgeber-Entgelte am Bruttoinlandsprodukt von 1992 bis 2008 von 55,7 auf rund 49 Prozent. Gleichzeitig stieg der durchschnittliche Beitragssatz von 12,7 auf 14,9 Prozent. Ein Blick auf die Ausgabenseite im Gegenzug zeigt. Unter den Leistungserbringern verbuchen die Krankenhäuser derzeit laut Bundeskartellamt mit rund 65 Milliarden Euro den größten Kostenblock[2]. Medikamente sind zwar der zweitgrößte Kostenblock der Kassen und der Anteil der Arzneimittelausgaben ist mit rund 18 Prozent in den letzten Jahren auch leicht gestiegen. Dass Medikamente jedoch zu den besonderen Kostentreibern des Systems zählen, entspricht nicht der Realität. Abzüglich der Mehrwertsteuer liegt dieser Ausgabenbereich zum Beispiel deutlich unter dem Anteil der mehrwertsteuerbefreiten ärztlichen Honorare. Nach Informationen des Verbandes Forschender Arzneimittelhersteller (VfA) betrug der Umsatz 2009 mit Fertigmedikamenten im GKV-Arzneimittelmarkt 30,9 Milliarden Euro und rangierte damit gerade 4,5 Prozent über dem 2008er-Wert. Insbesondere lag die Ausgabenentwicklung 2009 auf Bundesebene im Rahmen der Vereinbarungen zwischen Kassenärztliche Bundesvereinigung (KBV) und GKV-Spitzenverband. Doch anstatt die Einnahmenbasis neu zu organisieren und damit zukunftsfähig zu gestalten, fokussieren die politischen Reformprozesse seit Jahren stark auf eine Begrenzung des Ausgabenwachstums. Wesentliche gesetzliche Änderungen, die das Vertragsverhältnis zwischen Kassen und Industrie dramatisch verändert haben, werden nachfolgend erläutert:

- 2003 wird das Beitragssicherungsgesetz eingeführt. Bedeutsam für die Hersteller von Medikamenten ist in diesem Zusammenhang der § 130a

---

[2] Quelle: Dr. Bernd Heitzer, ehemaliger Präsident des Bundeskartellamtes, Rede beim Studienkreis Regulierung Europäischer Gesundheitsmärkte, 29. Juni 2009, Königswinter

des Fünften Buches Sozialgesetzbuch (SGB V), der die Rabattregeln verändert. Denn die Medikamentenhersteller geben den Apotheken einen sechsprozentigen Abschlag auf Herstellerabgabepreise für Arzneimittel, für die es bis dato keine speziellen Regelungen zur Begrenzung der Kostenübernahme durch die Gesetzliche Krankenversicherung gab. Für hochpreisige patentgeschützte Arzneimittel wurde zudem der Rabatt von sechs auf zehn Prozent angehoben sowie Preis-Obergrenzen für die Erstattung durch die Krankenkassen (Festbeträge) bestimmt.

- 2006 kommt das Arzneimittelversorgungs-Wirtschaftlichkeitsgesetz. Wesentliche Regelungen sehen einen zweijährigen Preisstopp für Arzneimittel vor und eine neue Vorgabe für die Festbetragsgrenzen bei Erstattung von Arzneimitteln. Bei patentfreien Arzneimitteln mit gleichen Inhaltsstoffen, die von mehreren Unternehmen angeboten werden (Generika), wird ein Rabatt in Höhe von zehn Prozent des Herstellerabgabepreises erhoben. Dabei können die Kassen allerdings mit den Herstellern spezielle Rabattverträge abschließen.
- 2007 tritt das GKV-Wettbewerbsstärkungsgesetz (GKV-WSG) in Kraft, das eine ganze Reihe von Maßnahmen für eine Verbesserung der Versorgungsqualität sowie mehr Wirtschaftlichkeit im System auf den Weg bringt. Neben Höchstpreisen für Arzneimittel außerhalb der Festbetragsgruppen und der Einführung einer Kosten-Nutzen-Analyse durch das Institut für Qualität und Wirtschaftlichkeit im Gesundheitswesen (IQWiG) ist es den Kassen seither gestattet, eigene Rabattverträge einzugehen. Das heißt konkret: Der § 130a Abs. 8 SGB V regelt, dass Krankenkassen mit pharmazeutischen Unternehmen über deren Rabattverpflichtungen hinaus weitere Rabatte für die zu ihren Lasten abgegebenen Arzneimittel vereinbaren können.
- 2009 wird der Gesundheitsfonds eingeführt, der die Einnahmenseite der GVK neu definiert, indem die Kassen für ihre Versicherten standardisierte Zuweisungen erhalten. Parallel orientiert sich der Risikostrukturausgleich (RSA) zwischen den gesetzlichen Krankenkassen seit Anfang 2009 am Krankheitszustand – der Morbidität – der Versicherten. Dieser sogenannte Morbi-RSA stellt den Finanzausgleich auf eine neue Basis, denn er bezieht sich nur noch auf die Ausgabenseite, da die Zuweisungen aus dem Gesundheitsfonds nach der Risikostruktur der Versicherten differenziert werden.

Abb. 1: Ausgaben der GKV, Ausgabenanteile 1. bis 4. Quartal 2009

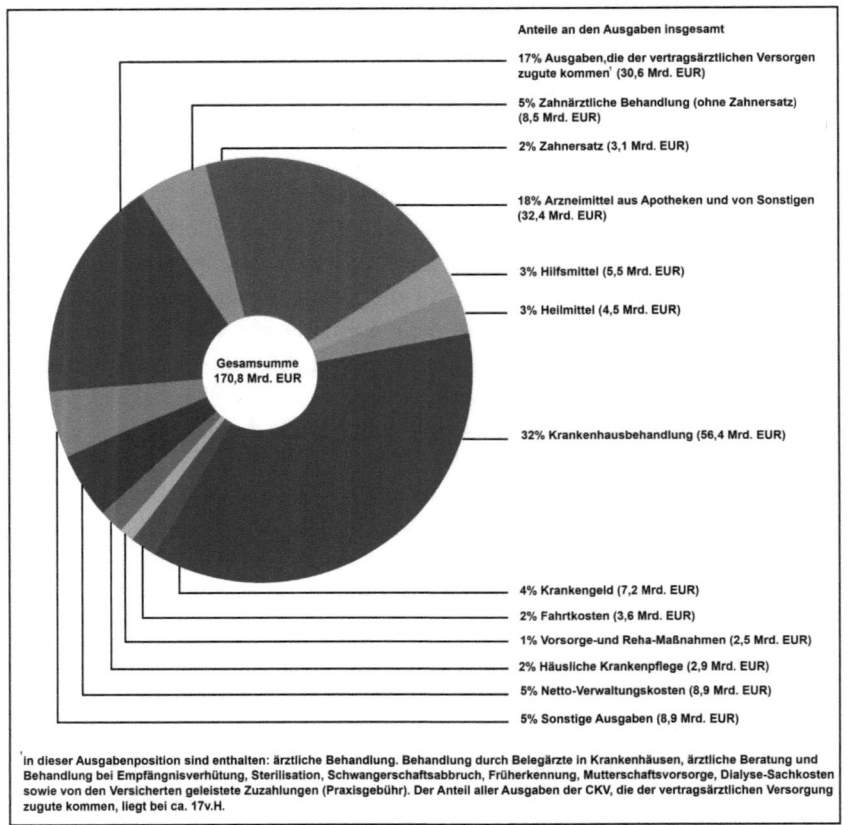

Quelle: Bundesministerium für Gesundheit, März 2010

1.3 Neue Strukturen auf der Ausgabenseite durch Morbi-RSA

Mit Einführung des Gesundheitsfonds und als Folge des neuen finanziellen Ausgleichmechanismus des Morbi-RSA müssen die Gesetzlichen Krankenkassen neue Strukturen auf der Ausgabenseite entwickeln, um sich am Markt eine Positionierung zu geben und sich damit auf Dauer durchsetzen zu können. Das kann insbesondere in enger Kooperation mit den Leistungserbringern gelingen – also mit Ärzten, Apothekern, Krankenhäusern sowie den Pharmaherstellern. Unter anderem erhalten in diesem Kontext Direktverträge mit Krankenkassen interessante Handlungsspielräume. Denn individuelle Vereinbarungen zwischen Krankenkassen, ihren Verbänden und einzelnen Leistungserbringern können sich zweifelsohne als ein zentrales Instrument der Kostendämpfung und Qualitätsverbesserung im Gesundheitswesen erweisen. Gleichzeitig bieten direkte Verträge auch für die qualitätsorientierte Versorgung mit Medikamenten vielfältige Handlungsoptionen. Und das gilt nicht nur für Generika, sondern vor allem auch für patentgeschützte Arzneimittel. Es muss jedoch deutlich gemacht werden, dass es dafür einen robusten, wettbewerblichen Regelungsrahmen im System braucht, der Akteure im Gesundheitswesen nicht einseitig bevorzugt. Mit den Verträgen hat die Politik nach Ansicht der forschenden Pharmaunternehmen sicher einen richtigen Schritt in Richtung mehr Wettbewerb gemacht, Festbeträge beispielsweise sind jedoch Instrumente für zentrale Regulierung und widersprechen der neuen Marktdynamik. Der rechtliche Rahmen für neue Wege in der medizinischen Versorgung ist – wie beschrieben – also abgesteckt. Doch noch stockt der Übergang vom alten System der „Kollektivbudgets" in die neue Welt der „selektiven Verträge". Erstens weil beide Systeme derzeit noch parallel arbeiten und damit in Konkurrenz zueinander stehen. Die Akteure zweitens bislang kaum Erfahrung sowie Datenmaterial besitzen, um die Verträge zum Wohle aller Beteiligten zu gestalten; und drittens bedeutende Widerstände bei Akteuren wie etwa der Kassenärztlichen Bundesvereinigung, die ihre Position gefährdet sieht.

Abb. 2: Gesetzgebung führte zu dramatischen Änderungen

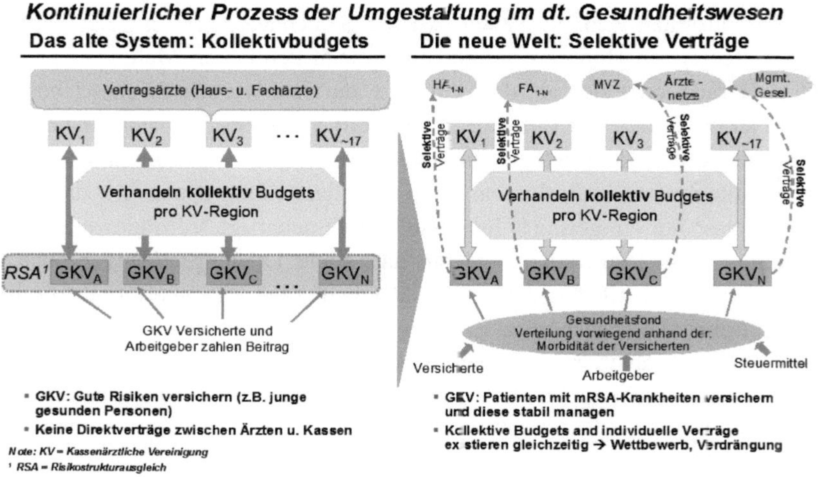

1.4 Direkte und selektive Verträge – der Rechtsrahmen

Für die Ausgestaltung eines zukunftsfähigen Gesundheitssystems lassen sich allerdings eine Reihe von Vorsätzen definieren, die Arzneimittelhersteller, Ärzte, Kassenärztliche Vereinigungen und die GKV gemeinsam anstreben. Diese Ziele – dazu gehören Budgetsicherheit, Förderung des Wettbewerbs und vor allem die Bereitstellung einer hochwertigen und kosteneffizienten Arzneimittelversorgung – können aus Sicht forschender Pharmahersteller als solide Basis für neue Vertragskonstellationen dienen! Kernidee für bessere Leistungen sowie eine optimierte Produktion ist, dass Krankenkassen Direktverträge mit Leistungserbringern wie Ärzten und selektive Kontrakte mit der pharmazeutischen Industrie abschließen. Für Direktverträge finden sich die relevanten gesetzlichen Bestimmungen im SGB V: Das sind im Einzelnen der § 63 (Grundsätze), § 64 (Vereinbarungen mit Leistungserbringern), § 73a (Strukturverträge), § 73b (Hausarztzentrierte Versorgung), § 73c (Besondere ambulante ärztliche Versorgung) sowie die § 140a ff (Integrierte Versorgung). Für Rabattverträge mit der GKV oder deren Verbänden gilt der § 130a Abs. 8 des SGB V. Dass selektive Verträge ein essentielles Element einer effektiven und innovativen Gesundheitsversorgung der Zukunft werden können, daran kann nach Einschätzung bei Novartis kaum Zweifel bestehen. Auch die AOK erwartet etwa durch die Verbindung von Hausarztverträgen (HzV) und selektiven Verträgen mit Fachärzten eine deutlich bessere Versorgung für ihre Versicherten. Eine „gut verzahnte" Behandlung sei das Ziel, erläuterte Dr. Herbert Reichelt, Vorstandsvorsitzender des AOK-Bundesverbandes.[3] Auch aus Sicht etwa der Hausärzte lohnen neue Vertragskonstellationen. So haben aktuelle Schiedsverfahren gezeigt, dass die darin festgesetzten Honorare immer noch einen deutlichen Mehrerlös pro Fall bieten. Daraus leitet sich ab, dass ein Arzt, der sein wirtschaftliches Überleben über Selektivverträge auf Basis des § 73b SGB V sichert, durchaus eine Position der Stärke besitzt. Natürlich gilt für Hausärzte, dass ihr Verschreibungsverhalten von Krankenkassen beeinflussbar ist. Für andere Arztgruppen gilt das jedoch nicht, so dass nur ein geringes Interesse besteht neuartige Verträge zu bedienen. Allerdings muss festgehalten werden, dass viele Leistungserbringer noch gar nicht oder nur unvollständig über die Möglichkeiten informiert sind, die neue Vertragskonstellationen bieten. Ein weiteres Problem: Apotheker etwa müssen sich primär mit rabattierten Arzneimitteln versorgen, sind jedoch an die Substitutionskriterien des § 129 SGB V gebunden. Hinzu kommt, dass Selektivverträ-

---

[3] Fachtagung AOK im Dialog, 6.11.2009

ge nach § 73b SGB V (HzV) genauso wie Verträge nach § 73c SGB V (Fachärzte) weitgehend von den Kassenärztlichen Vereinigungen (KV) kritisch gesehen werden. Ein wesentlicher Grund: Da bei Selektivverträgen das Honorar an der KV vorbei zu den Ärzten gelangt, wird ein Verlust der Umverteilungsfunktion befürchtet. Als Folge aus der erst kurzen gesetzlichen Anwendung, häufiger Unkenntnis sowie politischen Widerständen finden sich heute besondere Verträge vorwiegend im Generika-Bereich oder wurden bei patentgeschützten Medikamenten nur für besondere Situationen abgeschlossen. Ein Beispiel dafür ist Lucentis® von Novartis. Lucentis® ist eine anti-VEGF-Therapie, die gegen die Augenerkrankung feuchte altersbedingte Makuladegeneration (AMD) wirkt. Tatsächlich kann Lucentis® die Verbesserung der Sehkraft sowie der Sehkraft-bezogenen Funktionen bei einer großen Anzahl von Patienten mit feuchter AMD nachweisen. Angesichts der beschriebenen Gemengelage kann allerdings niemand heute ernsthaft vorhersagen, welchem Vertragstyp die Zukunft gehört. Zumal derzeit auch noch nicht für alle Beteiligten die gleichen Regeln gelten. Hierbei muss vor allem an die volle Anwendung des Kartell- und Wettbewerbsrechts auf Krankenkassen gedacht werden. Für die Krankenkassen gelten die Spielregeln laut Bundeskartellamt jedoch nur zu einem geringen Teil.[4]

1.5 Trend zur Einkaufsmacht bei Gesetzlichen Krankenkassen

Seit Jahren schrumpft die Anzahl der Gesetzlichen Krankenkassen. Gab es 1991 noch mehr als 1.200, lag die Anzahl 2006 bei 250. Im Januar 2009 existierten laut Bundesversicherungsamt 201, im März 2010 nur noch 165 Krankenkassen. Und der Trend ist vorgezeichnet: Nach einer Studie der Beratungsgesellschaft Ernst & Young wird die Zahl der Gesetzlichen Kassen bis 2012 auf etwa 100 sinken[5]. Bis 2015, so die Schätzungen, werden 50 übrig bleiben. „Der ohnehin laufende Konzentrationsprozess wird sich noch mal beschleunigen", begründet Studienautor Andreas Freiling. Als Grund nennt er die neuen gesetzlichen Rahmenbedingungen. Zum einen sei es im Gegensatz zu früher möglich, dass Krankenkassen Pleite gehen. Zum anderen könnten die verbliebenen Anbieter einen erhöhten Finanzierungsbedarf seit der Einführung des Gesundheitsfonds und damit den einheitlichen Beitragssatz in Höhe von 14,9 Prozent im vergangenen Jahr nicht mehr über Beitragssteigerungen ausgleichen. Fusionen entsprechen ohne Zweifel der Marktlogik, 30 bis 50 gesetzliche Kassen können für einen

---

[4] Dr. Bernd Heitzer, ehemaliger Präsident des Bundeskartellamtes, Rede beim Studienkreis Regulierung Europäischer Gesundheitsmärkte, 29. Juni 2009, Königswinter
[5] Ernst & Young-Studie zu Fusionen bei GKV, 7. März 2010

funktionierenden Markt durchaus ausreichend sein. Doch der Gesetzgeber hat eine Rechtslage geschaffen, der den Gesetzlichen Krankenkassen eine hohe Nachfragemacht einräumt. Und zu einem Problem wird diese Nachfragemacht genau dann, wenn sich Krankenkassen zu oligopolistischen Strukturen zusammentun und die zur Versorgung nötigen Leistungen sowie Mittel gemeinsam beschaffen.

Nach § 69 SGB V gelten die kartellrechtlichen Missbrauchsvorschriften nach Einschätzung des Bundeskartellamtes lediglich „entsprechend". Das politische Ziel, Vertragsspielräume für selektive Kontrakte zu gestalten, unterstützt auch Novartis als forschendes Pharmaunternehmen eindeutig. Doch das kollektive Einkaufen verschiedener Kassen kann nicht zielführend sein. Dazu hat der ehemalige Präsident des Bundeskartellamtes Bernd Heizer klar Stellung bezogen: „Fest steht, dass die Kassen ungehindert marktbeherrschende Nachfragekartelle schaffen können. Und dagegen können wir wegen der Regelungen im § 69 SGB V nicht vorgehen", sagte er 2009. Aus Sicht der Wettbewerbshüter ist daher nötig, dass das Verbot wettbewerbsbeschränkender Vereinbarungen des § 1 GWB auf diese Sachverhalte angewendet werden kann. Diese Forderungen unterstützt Novartis vorbehaltlos, denn es kann sicher nicht sein, dass Kassen zu übermächtigen Akteuren im deutschen Gesundheitswesen werden.

Abb. 3: Konzentrationsprozess im GKV-Sektor

1.7 Verträge und Kooperationen zwischen Kassen und Industrie

Noch sehen die gesetzlichen Regelungen vor, dass selektive Verträge zusätzlich zu Kollektivbudgets verhandelt werden. Doch die Möglichkeiten, innovative Kontrakte und effiziente Kooperationen zwischen Krankenkassen und Pharmaherstellern auf den Weg zu bringen, sind bereits heute vielfältig – und überzeugend. Grundsätzlich lassen sich drei Varianten darstellen:

1. Rabatt-/Direktverträge
2. Integrierte Versorgung
3. Innovative Vertragskonzepte

Zu Punkt 1: Rabattverträge sind direkte Verträge zwischen Krankenkassen oder deren Verbänden und Pharmaherstellern, in denen für einzelnen Substanzen oder gesamte Subtanzgruppen Preisnachlässe gewährt werden. Diese Verträge können gleichsam Zusatzleistungen oder Verpflichtungen beinhalten. Gesetzliche Grundlage für diese Lieferverträge sind das 2003 in Kraft getretene Beitragssatzsicherungsgesetz, das seit 2006 geltende Arzneimittelversorgungs-Wirtschaftlichkeitsgesetz sowie das GKV-WSG (2007). Für das Jahr 2008 hat das Bundesgesundheitsministerium insgesamt 310 Millionen Euro Einsparungen aus Rabattverträgen ausgewiesen, allerdings wurden die Rabatte erst in der zweiten Jahreshälfte gesondert erfasst. Für 2009 lagen die Daten Ende März 2010 noch nicht vor. Experten gehen jedoch von einem deutlich höheren Einsparvolumen aus, da alle gesetzlichen Krankenkassen inzwischen Rabattverträge mit Herstellern geschlossen haben. Alleine für das AOK-System schätzt der zuständes Rabattchef Dr. Christopher Hermann die Einsparungen im vergangenen Jahr zwischen 300 und 400 Millionen Euro ein. Ingesamt lag die Anzahl der Rabattverträge in Deutschland Ende 2009 bei rund 9.300 für etwa 26.300 Arzneimittel. Novartis steht dem Vertragswettbewerb im Arzneimittelsektor grundsätzlich offen gegenüber. Verträge verstehen wir – ebenso wie der Verband forschender Arzneimittelhersteller – als Vorboten des Wettbewerbs. Novartis hat daher für eine Reihe innovativer Produkte besondere Vertragskonstellationen vereinbart. Beispiele sind die Verträge mit der DAK sowie der AOK Rheinland/Hamburg seit 2009 über Extavia. Das Medikament mit dem Wirkstoff Interferon-beta-1b wird zur Behandlung der Multiplen Sklerose eingesetzt.

Abb. 4: Anzahl Rabattverträge durch das GKV-WSG - Situation Dez. 2009*

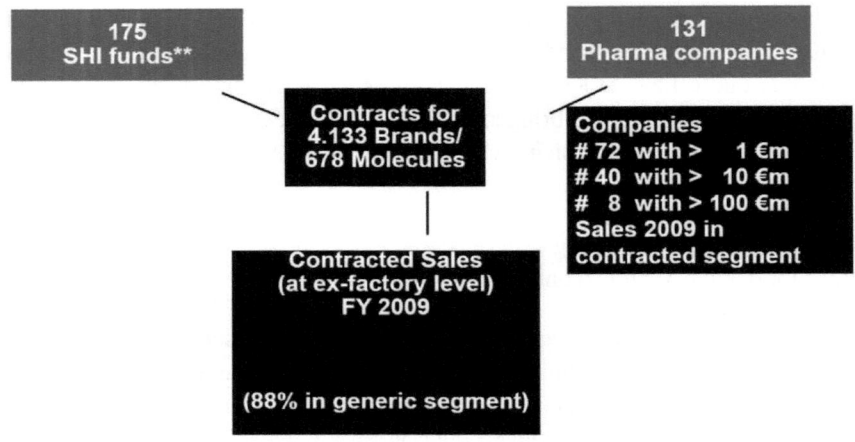

Zu Punkt 2: Die integrierte Versorgung ist eine neue sektorenübergreifende Versorgungsform im Gesundheitswesen. Ziel ist eine intelligente Vernetzung von Disziplinen und Sektoren (Hausärzte, Fachärzte, Apotheker, Krankenhäuser), um die Patientenversorgung zu optimieren und gleichzeitig die Gesundheitskosten zu senken. Voraussetzung für ein Leistungsangebot ist ein Vertragsabschluss zwischen einer oder mehreren Krankenkassen und den Leistungserbringern. Für Versicherte ist die Teilnahme freiwillig. Kassenärztliche Vereinigungen hat der Gesetzgeber als Vertragspartner nicht vorgesehen. Bislang typische integrierte Versorgungsformen sind Hausarztverträge oder Verträge mit Medizinischen Versorgungszentren. Generelle Vertragsgrundlage ist der § 140a ff SGB V (Integrierte Versorgung, IV). Für Pharmahersteller bieten die sogenannten IV-Konzepte vielfältige Kooperationsmöglichkeiten etwa bei der Versorgungsforschung, bei der Patientenaufklärung oder beim Thema Patienten-Compliance.

Zu Punkt 3: Grundlage innovativer Vertragskonzepte zwischen Krankenkassen und Pharmaherstellern sind Kontrakte für einzelne Produkte oder das gesamte Portfolio. Gleichsam können sie beispielsweise für alle Versicherten der Krankenkasse gelten oder auch für definierte Patientenkollektive. Definitorisch gesehen gehören die neuen Vertragskonzepte zum Thema „Managed Care" –

sind also Teil einer gesteuerten Versorgung. In der Praxis können sich ganz unterschiedliche Konzepte durchsetzen: Dazu gehören Kapitationsmodelle, Risk-Sharing-Verträge, Mehrwertverträge, Versorgungsverträge oder auch Versorgungsmodelle. Letztlich stehen die verschiedenen Vertragsmodelle natürlich im Wettbewerb zueinander und müssen ihre Qualität und Effektivität untereinander sowie gegenüber Kollektivverträgen beweisen. Wesentliche Beurteilungskriterien dafür sollten Qualitätssicherung sowie -steigerung, Innovationspotential, Kapazitätssteuerung oder auch im Sinne der Vertragspartner der Verwaltungsaufwand sein.

Abb. 5: Novartis hat eine führende Rolle bei innovativen Konzepten

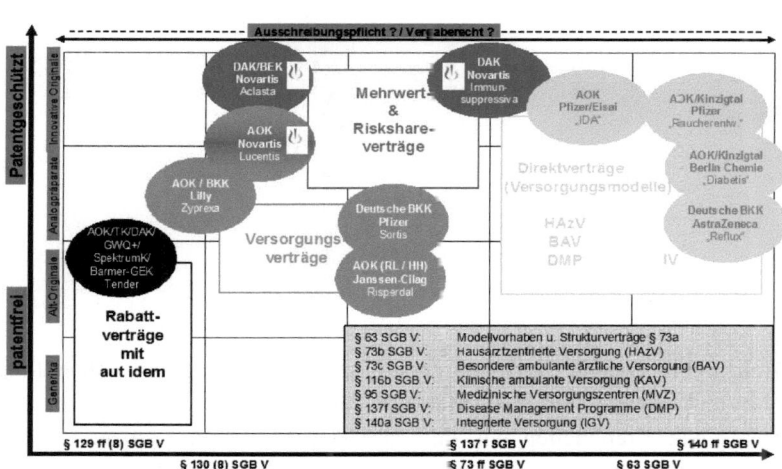

Innovative Verträge werden unter anderem von Novartis und der DAK sowie der AOK bereits seit einiger Zeit erfolgreich praktiziert. Doch worin unterscheiden sich wesentliche Vertragsarten?

1. Capitation: Unter dem Begriff, der aus dem Englischen übersetzt Kopfpauschale bedeutet, versteht man gedeckelte Kosten für Krankenkassen. Das heißt: Eine Krankenkasse bezahlt einen Fixbetrag für die Therapie ihrer Versicherten unabhängig davon, wie vielen Patienten das Medikament verordnet wird. Das Modell, das einen klaren monetären Schwerpunkt besitzt, eignet sich insbesondere für patentgeschützte Originalpräparate. Ziel dieses Vertragsmodells mit Budgetmitverantwortung auf Seiten der Pharmahersteller ist es, zu überschaubaren Kosten eine hochwertige Leistung zu erbringen. Novartis beispielsweise hat „Kapitationsverträge" mit verschiedenen Ortskrankenkassen über Lucentis® geschlossen. Hier sind die Kosten zur Behandlung altersbedingter Makuladegeneration gedeckt.

Abb. 6: Kapitationsmodell am Beispiel Lucentis

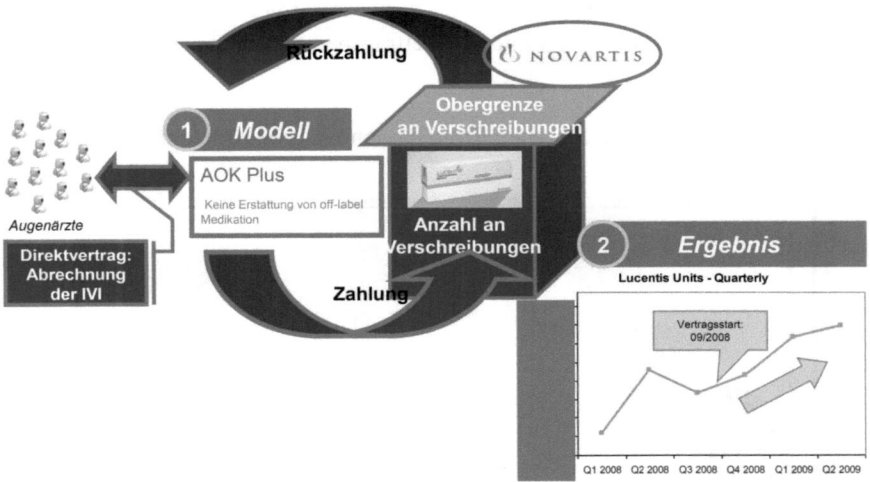

2. **Mehrwertverträge:** Stark auf Versorgungsoptimierung und Behandlungserfolg hin ausgerichtet sind auch Mehrwertverträge. Sie eignen sich vor allem bei chronischen Krankheiten wie koronare Herzkrankheit, Diabetes mellitus, Multiple Sklerose oder Morbus Crohn. Die Pharmahersteller bieten den Krankenkassen dann statt eines Rabatts für ein Medikament zusätzliche, wichtige Services wie Raucherentwöhnungskurse, Ernährungsberatung, Personalschulungen oder auch Labortests an. Für die Krankenkassen eröffnen sich damit völlig neue Versorgungswege mit inhaltlichen Schwerpunkten und einer möglicherweise deutlichen Erhöhung der Compliance an.

3. **Risk-Share-Vertrag:** Quasi die Geld-zurück-Garantie auf Basis eines Risk-Share-Vertrags haben Novartis, die Barmer Ersatzkasse und die DAK mit dem Osteoporosemittel Aclasta 2008 ins deutsche Gesundheitswesen eingeführt. Der Vertrag bestimmt, dass die Krankenkassen Geld erstattet bekommen, wenn sich unter einer Therapie mit dem Infusionsmittel Aclasta innerhalb eines Jahres eine Fraktur ereignet, der Behandlungserfolg sich also nicht einstellt. Diese Ver-

tragsmodelle funktionieren folglich auf der Basis von Zielvereinbarungen, einer Messung der Zielerreichung sowie bei Nichterreichung einer Rückerstattung. Vergleichbare Verträge hat Novartis mit der DAK für die Immunsuppressiva Sandimmun Optoral®, Myfortic® oder Certican® abgeschlossen. Von diesen Verträgen profitieren insbesondere Patienten und Kassen. So bekommen die Patienten einen besseren Zugang zu innovativen Originalpräparaten, während der Arzneimittelhersteller den Krankenkassen die Wirksamkeit der Therapie garantiert. Dass die beteiligten Kassen AOK und DAK die Verträge mit Novartis nach einem Jahr verlängert haben, belegt das Funktionieren dieser innovativen Versorgungslösung. Man muss jedoch konstatieren, dass solche Vertriebsmodelle für das deutsche Gesundheitssystem eine Neuheit sind, die beteiligten Akteure daher immer noch Erfahrungen sammeln, auswerten und neue Verträge entsprechend angleichen. So besteht ein grundsätzliches Problem darin, dass es nicht einheitlich zu definierende Endpunkte für Studien gibt.

Abb. 7: Risk-Share-Modell am Beispiel Aclasta

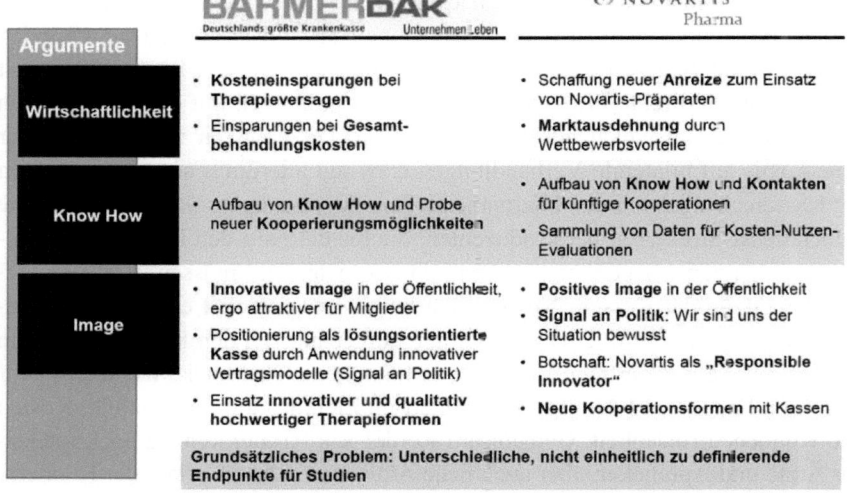

4. Bundling-Verträge: Bei dieser Vertragsvariante wird ein Strauß aus innovativen sowie generischen Medikamenten gebunden. Dabei hängt der Rabatt auf das Originalpräparat davon ab, ob und in welchem Umfang die Versicherten der Partnerkrankenkasse zugleich auch Generika aus dem gleichen Haus erhalten. Das heißt, der Preisvorteile für Originalpräparate ist an den Absatz konzerneigener Generika oder OTC-Präparate gekoppelt.

1.6 Wie sich das Geschäftsmodell der Pharmaindustrie anpasst

Kooperationen mit Gesetzlichen Krankenkassen, Rabattverträge sowie innovative Modellvarianten sind politisch gewollte Steuerungsinstrumente im deutschen Arzneimittelmarkt. Bilaterale Vereinbarungen von Pharmaherstellern und Krankenkassen über Lieferkonditionen sind allerdings noch immer wettbewerbliche Farbtupfer im komplexen und deutlich regulierten Gesundheitsmarkt Deutschland. Denn trotz immanentem Kostendruck bremsen starke Regulierungselemente wie die zentral definiert Erstattung, die Festsetzung von Festbeträgen und Zuzahlungsbefreiungsgrenzen oder auch einheitliche Listenpreise die Entfaltung gemeinsamer Ziele im Gesundheitswesen. Hier besteht aus Sicht forschender Pharmahersteller wie Novartis noch deutlicher gesetzgeberischer Handlungsbedarf. Zumal zusätzliche, neue Mechanismen – Beispiele hierfür ist die „Evaluation Innovativer Therapeutischer Alternativen" (EVITA) durch Ärzte und Kassen, das Zweitmeinungsverfahren nach § 73 d SGB V oder auch die vergleichende Bewertung medizinischer Maßnahmen auf Basis von Kosten-Nutzen-Analysen eine weitere Regulierungsebene einziehen. Umso wichtiger erscheint es daher, durch direkte Preis- und Vertragsverhandlungen mit den Gesetzlichen Krankenkassen ausgleichende wettbewerbliche Perspektiven zu eröffnen. Der neue Fokus auf bilaterale Verhandlungen erzwingt allerdings sowohl auf Seiten der Kassen als auch bei den Pharmaherstellern Anpassungen. So werden sich die Außendienst-Strukturen bei Produzenten, die bis dato auf den Dialog mit Haus- oder Fachärzten ausgerichtet waren, ebenso wandeln müssen wie die Geschäftsmodelle der Kassen. Novartis hat bereits reagiert und ein Key Account-Management für selektive Kassenverträge aufgebaut. Bei den Kassen wiederum werden innovative Verträge Bestandteile komplexer Therapiekonzepte etwa für chronisch Kranke und damit fest verankert im Zielkorridor von Qualität, Kosten und Kundenzufriedenheit. Gemeinsam werden die Partner künftig noch intensiver Ärzte und Apotheker, aber auch neue Akteure wie Netzwerke oder Kooperation noch besser einbinden und über die neuartigen Versorgungsverträge sowie ihre Vorteile für Patienten informieren müssen. Damit kann sich ein Pharmahersteller durchaus vom reinen Arzneimittelproduzenten hin zum kooperativen Anbieter von Therapiekonzepten und Systemlösungen entwickeln.

1.8 Resümee

Klar ist: Reine „Rabattschlachten" nutzen niemanden. Allerdings werden sich neue Lösungen zur Versorgung einer alternden Bevölkerung daran messen lassen müssen, welchen gesundheitsökonomischen Mehrwert sie schaffen. Als ein Pionier innovativer Vertragsformen steht Novartis für diesen Weg ein. Zusammenfassend kann die Diskussion um neue, selektive Verträge mit einem Fünfpunkte-Fazit beschrieben werden:

1. Die Versorgung mit Arzneimitteln wir in Zukunft in einem hohen Maß durch Direktverträge mit den Kassen bestimmt sein.
2. Im Generika-Bereich werden sich die effektiv erzielten Preise auf sehr niedrigem Niveau einpendeln.
3. Direktverträge müssen so gestaltet sein, dass Patienten weiterhin uneingeschränkten Zugang zu Arzneimittel-Innovationen haben.
4. Innovative Konzepte müssen einen Mehrwert für Kassen und Pharmahersteller ergeben.
5. Partnerschaftliche Kooperationen zwischen Kassen und Pharmaherstellern können neue Erkenntnisse über Versorgung generieren und damit die Qualität sowie Finanzierbarkeit des Systems sichern helfen.

Risk- und Costsharing-Verträge aus Sicht einer Krankenkasse

Herbert Rebscher und Bernd Ziesemer

Seit dem 01.01.2003 haben gesetzliche Krankenkassen die Möglichkeit, direkt Rabattvereinbarungen mit pharmazeutischen Herstellern zu schließen. Die Möglichkeit des selektiven Kontrahierens mit Herstellern in diesem Leistungssegment war für alle Beteiligten gänzlich neu und wird nach anfänglichen Schwierigkeiten vorangetrieben.

1. Rabattverträge als Auslöser juristischer Auseinandersetzungen

Seit klar geworden ist, dass Rabattpartner von Krankenkassen einen deutlichen Vorteil am Markt haben, werden bestehende Rabattverträge verstärkt von pharmazeutischen Unternehmen beklagt, die ihrerseits nicht zum Zuge gekommen sind. Die Gerichte waren insbesondere aufgefordert zu klären, in wieweit Rabattverträge der Ausschreibungspflicht und damit den Regelungen des Gesetzes gegen Wettbewerbsbeschränkungen unterliegen.

Die Kernfragen hierbei lauten:

- Sind Krankenkassen öffentliche Auftraggeber?
- Sind Arzneimittelrabattverträge öffentliche Aufträge?

Zwischenzeitlich ist die Rechtslage gerichtlich geklärt. Danach müssen Krankenkassen zukünftig im Generikabereich Rabattverträge ausschreiben.[1] Sowohl der Gesetzgeber als auch das BVA als zuständige Aufsichtsbehörde haben reagiert und die Krankenkassen aufgefordert, Rabattverträge, die nicht vergaberechtskonform zustande gekommen sind, zu kündigen und in vorgenannter Weise auszuschreiben.[2]

Im Gegensatz zum Generikasegment gibt es im Bereich der patentgeschützten Arzneimittel bisher noch keine abschließende Rechtsauffassung darüber, ob hier ebenfalls das Ausschreibungsverfahren als zwingender Beschaffungsweg einzuhalten ist. In den hier angestrengten Verfahren sind bisher keine abschließenden Urteile ergangen:

---

[1] vgl. Byok, J., Csaki, A., 2008, S. 403 – 404
[2] vgl. BVA, 2009, S. 2 – 4

1. Im April 2008 hatte die Techniker Krankenkasse patentgeschützte TNF-Alpha-Blocker ausgeschrieben und wurde von einem der drei möglichen Bieter angegriffen. Hier hat die Vergabekammer entschieden, dass die Ausschreibung rechtmäßig gewesen ist. Die von der Klägerin angerufene Beschwerdeinstanz hat den Rechtsstreit zwischenzeitlich ausgesetzt, um die Entscheidung des Europäischen Gerichtshofes zu der Frage, ob Krankenkassen öffentliche Auftraggeber sind, abzuwarten. Mittlerweile hat die beklagte Kasse die Ausschreibung zurückgenommen, so dass hier keine endgültige Entscheidung mehr getroffen wird.
2. Im Juni 2008 hatte die AOK Baden-Württemberg und die Firma Roche einen Direktvertrag über ein patentgeschütztes Epoetin-Präparat abgeschlossen. Im Rahmen des einstweiligen Rechtsschutzverfahrens hat das Landessozialgericht (Baden-Württemberg) entschieden, dass der hier vereinbarte Rabattvertrag kein öffentlicher Auftrag sei, so dass keine Ausschreibung notwendig war. In diesem Rechtsstreit steht noch die Entscheidung im Hauptsacheverfahren aus.

Folgende Fragestellungen über die vergaberechtliche Bewertung von patentgeschützten Originalpräparaten werden kontrovers diskutiert[3]:

1. Liegen Ausnahmetatbestände gem. § 3a Nr. 2c der Verdingungsordnung für Leistungen – Teil A (VOL/A) vor?
2. Sind Arzneimittelrabattverträge in diesem Marktsegment öffentliche Aufträge gem. § 99 GWB?

Die Voraussetzung zu Nr. 1 liegen vor, wenn „der Auftrag wegen seiner technischen oder künstlerischen Besonderheiten oder auf Grund des Schutzes eines Ausschließlichkeitsrechtes (z.B. Patent- oder Urheberrecht) nur von einem bestimmten Unternehmen durchgeführt werden kann" (§ 3a Nr. 2c VOL/A). Diese Ausschließlichkeit hat die Krankenkasse als Vergabestelle dokumentieren. Sie muss durch ein Markterkundungsverfahren nachweisen, dass kein anderer Anbieter die geforderten Arzneimittel zum Zeitpunkt des Vertragsabschlusses liefern kann und muss hierbei auch Parallelimporteure und Lizenznehmer berücksichtigen.[4]

---

[3] vgl. Natz. A., 2009, S. 31
[4] vgl. Gabriel, M., 2008, S. 457

Die Beantwortung der Fragestellung unter Nr. 2 ist etwas umfangreicher und kann hier nur kurz dargestellt werden. Von einem öffentlichen Auftrag spricht man, wenn ein entgeltlicher Vertrag zwischen einem Unternehmen und einem öffentlichen Auftraggeber zustande kommt. Dieser Vertrag muss auch die Lieferung von Waren oder Dienstleistungen gegen Entgelt an den Auftraggeber zum Inhalt haben.[5] Im Rahmen des Sachleistungsprinzips erhalten Versicherte die vom Arzt verordneten Arzneimittel direkt durch die Apotheke. Die Krankenkasse ist weder direkter Empfänger der Ware noch erfolgt die Bezahlung direkt an die pharmazeutische Industrie. Damit fehlen zwei wesentliche Aspekte für das Zustandekommen eines öffentlichen Auftrags.[6] Die Vergabekammern des Bundes legen die Definition des öffentlichen Auftrags jedoch deutlich weiter aus und sehen in Rabattverträgen sehr wohl öffentliche Aufträge.[7] Diese Auffassung wird vom LSG Baden-Württemberg bisher nicht mitgetragen.[8] Maßgebliches Kriterium für die Entscheidung, ob es sich um einen öffentlichen Auftrag handelt oder nicht, ist entsprechend der Auffassung des LSG Baden-Württemberg die Lenkungsfunktion der Rabattverträge im patentgeschützten Arzneimittelbereich.[9] Diese Lenkungsfunktion ist im Generikabereich durch die Abgabepflicht von rabattierten Arzneimitteln durch die Apotheke eindeutig gegeben. Im Bereich der patentgeschützten Originalarzneimittel fehlt diese Substitutionsmöglichkeit durch die Apotheke, so dass zu klären ist, ob weitere Anreizmechanismen am Markt vorhanden sind, die eine relevante Lenkungsfunktion haben. Für den Originalmarkt existieren lediglich zwei Anreize, mit denen die Krankenkasse die Verordnung von rabattierten Arzneimitteln fördern kann[10]:

- Besondere Berücksichtigung im Rahmen der Wirtschaftlichkeitsprüfung und
- mögliche Zuzahlungsbefreiung oder -ermäßigung des Versicherten.

Die Wirksamkeit dieser Mechanismen wird von den beteiligten Rechtsinstituten unterschiedlich bewertet und führt zu den schon dargestellten unterschiedlichen Rechtsauffassungen. Die dargestellte Situation führt bei den Krankenkas-

---

[5] vgl. Schickert, J., 2009, S. 166
[6] vgl. Schickert, J., 2009, S. 166
[7] vgl. Natz, A., 2009, S. 23
[8] vgl. Natz, A., 2009, S. 23
[9] vgl. Schickert, J., 2009, S. 168
[10] vgl. Schickert, J., 2009, S. 169

sen und pharmazeutischen Herstellern zu einer erheblichen Rechtsunsicherheit und behindert den Abschluss von Rabattverträgen für patentgeschützte Originalarzneimittel.

2. Rabattstrategie im Kontext der Unternehmensstrategie einer Krankenkasse

Je nach Vertragsausgestaltung kann ein Rabattvertrag unterschiedliche Ziele verfolgen. Einige Vertragsformen legen den Fokus auf Kostensenkung, andere wiederum auf Steigerung der Behandlungsqualität und einige können auch als Mittel der Kundenbindung eingesetzt werden. Insgesamt gilt es, die Rabattstrategie auf die Gesamtstrategie der Krankenkasse abzustimmen. Das AOK-System ist bekannt dafür, dass es die Kosten in den Fokus legt. Die ersten Rabattverträge im Bereich dieser Krankenkassen wurden in Form von Ausschreibungen geschlossen. Zuschlagskriterium war ausschließlich die Höhe des Arzneimittelpreises. Viele kleine und mittelständische Unternehmen erhielten die Zuschläge für die Versorgung der AOK-Versicherten. Diese Situation führte dazu, dass eine Vielzahl der AOK-Versicherten bei der Umstellung ihrer Medikation mit Arzneimitteln konfrontiert wurde, die ihnen nicht vertraut waren. In vielen Fällen führte dies zu Verunsicherungen. Der daraus resultierende erhöhte Informationsbedarf bei den Versicherten sorgte für erhöhten Beratungsaufwand bei den behandelnden Ärzten, den abgebenden Apotheken und den Mitarbeitern der AOKn. Zusätzlich traten zum Teil massive Lieferschwierigkeiten insbesondere bei den kleineren pharmazeutischen Herstellern auf, so dass Arzneimittel in der Apotheke nicht verfügbar waren. All dies führte dazu, dass die Kundenzufriedenheit der AOK-Versicherten erheblich litt.

Im Gegensatz zum AOK-System haben die Barmer, die DAK und die Techniker-Krankenkasse ihre ersten Rabattverträge in Form von Sortimentsverträgen mit den fünf größten am deutschen Markt agierenden pharmazeutischen Unternehmen geschlossen. Es ist zwar unwahrscheinlich, dass durch dieses Verfahren ebenso hohe Rabatte erzielt werden konnten wie durch ein Ausschreibungsverfahren, allerdings war die Verfügbarkeit der Arzneimittel gewährleistet. Zudem ist durch diese unternehmerische Ausrichtung sicherlich die geringste Umstellungsquote bei den Versicherten auf neue Arzneimittel notwendig gewesen. Im Ergebnis kann eine entsprechende Ausrichtung der Rabattvertragsstrategie erheblich dazu beitragen, dass die Unternehmensstrategie erreicht wird.

Für innovative Krankenkassen, die ihren Schwerpunkt auf die Bereiche Versorgungsmanagement und Selektivverträge legen, bieten sich insbesondere Riskshare-, Mehrwert- und Cost-sharing-Modelle an. Krankenkassen, die hingegen auf das kollektive Versorgungssystem setzen, sind mit dem klassischen Rabattvertrag am besten bedient.

3. Vertragsarten:

Im Rahmen der Weiterentwicklung des klassischen Rabattvertrages existiert zwischenzeitlich eine Vielzahl von unterschiedlichen Vertragsmodellen in Deutschland.

3.1. Klassischer Rabattvertrag

Die einfachste Form der klassischen Rabattverträge sind Preisabschläge in Form von Rabatten auf den HAP. Hierbei handelt es sich um Basisrabatte, die ohne Berücksichtigung einer Umsatzmenge sofort gewährt werden müssen. Die klassischen Rabattverträge fokussieren sich inhaltlich auf die Dimensionen Menge und Preis. Die Mengendimension kann dabei als Mehrumsatzrabatt vereinbart werden, das heißt, die Rabatthöhe steigt mit der abgesetzten Menge des rabattierten Arzneimittels. Eine andere Variante ist die vertragliche Regelung einer Mindestmengenabnahme durch die Krankenkasse.

Rabatte bedeuten für pharmazeutischer Hersteller einen Preisabschlag und damit zunächst einmal eine Gewinnminderung. Je nach Marktposition verbindet der pharmazeutische Hersteller mit einem Rabattvertrag unterschiedliche Erwartungen. Unternehmen, deren Produkte bereits am Markt platziert sind, erhoffen aufgrund der Rabattvereinbarung eine Mengen- und Gewinnsteigerung, um ihre Marktposition zu festigen. Handelt es sich allerdings um ein Produkt, das neu in den Markt eingeführt werden soll und sich gegen Konkurrenzprodukte behaupten muss, erwartet der pharmazeutische Hersteller einen vereinfachten Marktzugang und damit verbunden im Regelfall geringere Markteintrittskosten. Aus Sicht der GKV bietet sich grundsätzlich der generikafähige Markt für den klassischen Rabattvertrag an. In diesem Segment finden sich inzwischen auch die meisten Rabattverträge dieser Art.[11]

---

[11] vgl. IMS Contract Management, 2009, S. 2

3.2 Risk-share-Verträge

Risk-share-Verträge sind dadurch gekennzeichnet, dass sich die Vertragspartner Risiken teilen. Für den Arzneimittelbereich handelt es sich um das Risiko eines Misserfolges der Behandlung. Führt der Einsatz des Arzneimittels nicht zum vereinbarten Erfolg, erhält die Krankenkasse die gesamten oder einen Teil der Behandlungskosten erstattet. Führt die Behandlung zum Erfolg, wird dieser Erfolg häufig höher honoriert, als es ohne Vertrag der Fall gewesen wäre.[12] Dieser aus ökonomischer Sicht sehr sinnvolle Ansatz, ist quasi eine Form von Produktgarantie. Ethisch sind solche Vertragskonstrukte sehr diskussionswürdig, da hier nur der Behandlungsmisserfolg zu einem wirtschaftlichen Vorteil für die Krankenkasse führt.

Risk-share-Verträge bieten sich für echte Innovationen auf dem Arzneimittelmarkt an, die einen wirklichen Therapievorteil für den Patienten bieten, aber aufgrund von kostengünstigeren Behandlungsalternativen und durch fehlende Langzeitstudien noch keinen relevanten Marktanteil erlangen konnten. Riskshare-Verträge führen im Regelfall nicht zu kurzfristigen Einsparungen, sondern erzeugen anfangs sogar Mehrkosten. Durch den Therapievorteil können durch diese Vertragsform aber mittel- bis langfristig Kosten gespart werden, da Folgebehandlungen verzögert oder gar verhindert werden können.

Der erste Risk-share-Vertrag in Deutschland wurde zwischen der Firma Novartis und der Deutschen Angestellten Krankenkasse (DAK) über Aclasta® vereinbart. Aclasta® ist ein Präparat, das zur Behandlung der Osteoporose eingesetzt wird. Im Vergleich zur kostengünstigsten generischen Alternative ist Aclasta® mehr als doppelt so teuer (560 Euro versus 250 Euro Jahrestherapiekosten). Allerdings bietet das Präparat den Vorteil, dass es nur einmal jährlich appliziert werden muss, im Gegensatz zu den Alternativpräparaten, die wöchentlich oral eingenommen werden. Ein Aussetzen der regelmäßigen oralen Einnahme der Alternativpräparate stellt den Behandlungserfolg in Frage. Da die Einnahme mit Nebenwirkungen verbunden ist, ist ein eigenmächtiges Absetzen der Medikation durch den Patienten keine Seltenheit, zumal bei der Erkrankung kein Leidensdruck existiert. Der Rabattvertrag der DAK beinhaltet die Regelung, dass für Versicherte, die mit Aclasta® behandelt wurden und die innerhalb eines Zeitraumes von 12 Monaten nach Applikation des Präparates einen Kno-

---

[12] vgl. Ecker, T., Preuß, K.-J., 2008, S. 33

chenbruch ohne externe Einwirkung erleiden, die Kosten der gesamten Arzneimitteltherapie an die Krankenkasse erstattet werden. Aus Sicht der DAK wird mit diesem Risk-share-Vertrag die Qualität der Osteoporosebehandlung verbessert.[13]

Risk-share-Verträge sind insbesondere im Bereich der Ärzteschaft sehr umstritten. Beispielsweise hat sich die im Gesundheitssystem anerkannte Arzneimittelkommission der deutschen Ärzteschaft (akdae) sehr negativ zu dem oben dargestellten Risk-share-Vertrag geäußert. Der Krankenkasse wird insbesondere vorgeworfen, den Risk-share-Vertrag als Marketinginstrument zum missbrauchen.[14] Diese kritische Position dürfte mit dafür verantwortlich sein, dass Risk-share-Verträge bis heute keinen großen Stellenwert im Bereich der Rabattverträge erlangt haben.

3.3. Mehrwertvertrag

Mehrwertverträge beinhalten im Gegensatz zu den klassischen Rabattmodellen keine Preisabschläge in Form von Rabatten, sondern bieten dem Patienten eine zusätzliche Leistung an. Diese Leistung ist für den Patienten kostenfrei, da sie mit dem AVP abgegolten ist. Mehrwertleistungen im Bereich der Arzneimittelversorgung sind nicht neu und werden schon seit Langem von pharmazeutischen Herstellern zum Arzneimittel angeboten. In der Vergangenheit war hierbei direkt der behandelnde Arzt Adressat für dieses Angebot, da sich der pharmazeutische Unternehmer ein Differenzierungsmerkmal erhoffte. Zwischenzeitlich hat sich der Fokus auf den Adressaten GKV verschoben. Aus Sicht der GKV können Mehrwertverträge verschiedene Vorteile beinhalten:

- Instrument zur Schaffung von mehr Qualität im Versorgungssystem
- Instrument zur Erhöhung der Patientencompliance
- Instrument zur Senkung von Folgekosten
- Marketinginstrument.

Die Indikation der multiplen Sklerose (MS) ist ein Bereich, in dem Mehrwertverträge sinnvoll sein können: Die Arzneimittel, die zur Behandlung der MS eingesetzt werden (u.a. Interferone) führen zu erheblichen Nebenwirkungen beim Patienten. Vor diesem Hintergrund setzen die Betroffenen die Behandlung

---

[13] vgl. Meiners, F., 2007
[14] vgl. akdae, 2008, S. 1-7

sehr frühzeitig ab, was wiederum dazu führen kann, dass die Krankheitsschübe in kürzeren Abständen und mit stärkeren Auswirkungen auftreten können. Häufig müssen MS-Erkrankte dann zur weiteren Behandlung stationär aufgenommen werden. Dieser Entwicklung kann durch einen Mehrwertvertrag vorgebeugt werden, wenn über eine Telefonhotline die Compliance beim Patienten abgefragt und Hilfestellung bei der Applikation des Arzneimittels und dem Umgang mit Nebenwirkungen angeboten wird. Dieses Beispiel zeigt, dass die Vorteile für die Krankenkasse in der Implementierung einer Art von Versorgungsmanagement gehen. Bei entsprechenden Verträgen ist zu berücksichtigen, dass der behandelnde Arzt in den Prozess mit eingebunden werden muss. Darüber hinaus sind datenschutzrechtliche Aspekte zu berücksichtigen, das heißt, die Teilnahme an einem entsprechenden Unterstützungsprogramm setzt die Zustimmung des Patienten voraus. Besonders fragwürdig ist es aus Sicht der GKV, wenn pharmazeutische Unternehmen über entsprechende Dienstleister oder gar eigene Mitarbeiter direkten Zugang zu erkrankten Personen bekommen und hier gegebenenfalls entgegen der Interessen der GKV steuernd eingreifen. Kostenreduzierungen, die in der heutigen Zeit ein wichtiges Argument für Vertragsabschlüsse aus Sicht der GKV sind, sind mit diesem Rabattmodell erst mittel- bis langfristig zu erwarten. Diese gesamten Rahmenbedingungen dürften der Grund dafür sein, dass reine Mehrwertverträge bisher nicht in Deutschland abgeschlossen wurden.[15]

3.4 Kapitationsmodell

Kapitation bedeutet Begrenzung. Bezogen auf Rabattverträge im Arzneimittelbereich bedeuten Kapitationsmodelle eine Kostenbegrenzung. Diese Kostenbegrenzung kann in unterschiedlichen Varianten vereinbart werden[16]:

- Begrenzung der Kosten je Patienten
- Begrenzung der Kosten bezogen auf die gesamte Indikation

Das Kapitationsmodell kann mit einer Ober- oder aber mit einer Unter- und einer Obergrenze ausgestattet sein. Für die Krankenkasse bietet dieses Modell eine gute Planungssicherheit. Ein Teil des Morbiditätsrisikos übernimmt der pharmazeutische Hersteller, da er die Arzneimittelkosten, die oberhalb der Kapitationsgrenze liegen, allein trägt. Im besten Fall sollten deshalb aus Sicht

---

[15] vgl. Ecker, T., Preuß, K.-J., 2008, S. 57
[16] vgl. Ecker, T., Preuß, K.-J., 2008, S. 39 – 40

der Krankenkasse alle Patienten mit der entsprechenden Erkrankung mit dem vertraglich geregelten Arzneimittel versorgt werden. Ein nicht zu unterschätzender Unsicherheitsfaktor bei dieser Art von Verträgen ist daher wiederum das Verordnungsverhalten der Ärzte, denn jede Verordnung mit alternativen Arzneimitteln ist mit Zusatzkosten für die Krankenkasse verbunden.

In der letzten Konsequenz sind Kapitationsmodelle am wirkungsvollsten, wenn sie mit einer Einschränkung der Therapiehoheit der behandelnden Ärzte verbunden sind. Aus Sicht der GKV bietet sich dieses Modell für innovative Arzneimittel an, die möglichst ohne Konkurrenz am Markt sind. Aus Sicht des pharmazeutischen Herstellers, der in dieser Konstellation als Monopolist agiert, besteht im Regelfall kein Interesse an einem Kapitationsmodell. In Deutschland sind einige Rabattverträge mit Kapitationsgrenzen vereinbart. Der am stärksten in der Öffentlichkeit wahrgenommene Kaptiationsvertrag ist die Vereinbarung zwischen dem AOK Bundesverband und Novartis über den Einsatz und die Vergütung des Arzneimittels Lucentis® zur Behandlung der AMD.

3.5 Cost-sharing-Vertrag

Eine besondere Form des Kapitationmodells ist der Cost-sharing-Ansatz. Im Rahmen von Cost-sharing-Verträgen wird eine Arzneimittelmenge je Patient vereinbart. Überschreitet die patientenindividuelle Versorgung die vereinbarte Menge, erstattet das pharmazeutische Unternehmen der Krankenkasse die Kosten für die übersteigende Menge. Dieses Modell besitzt für die GKV ebenfalls eine hohe Planungssicherheit, sofern die Morbidität der jeweiligen Krankheit bekannt ist. Die Firma Roche offeriert einzelnen Krankenkassen diese Vertragsvariante für das Präparat Avastin®. Der zulassungskonforme Einsatz von Avastin® erfolgt bei metastasierendem Mammakarzinom. Roche bietet den Krankenkassen an, den Anteil der Kosten zu übernehmen, der über eine Gesamtdosismenge von 10 Gramm Avastin® im Jahr liegt. Bei zulassungskonformer Dosierung und regelmäßiger Anwendung wird bei einem Körpergewicht von 50 Kilogramm bereits eine Gesamtdosismenge von 13 Gramm jährlich benötigt.[17]

---

[17] vgl. Ecker, T., Preuß, K.-J., 2008, S. 45

4. Marktentwicklung

Jede Krankenkasse besaß im Februar 2009 mindestens einen Rabattvertrag und 48% der zu Lasten der GKV abgegebenen Arzneimittelpackungen waren über Rabattverträge geregelt.[18] Diese Zahlen dokumentieren nachdrücklich, dass sich Arzneimittelrabattverträge zwischenzeitlich am deutschen Arzneimittelmarkt etabliert haben. Auf Seiten der pharmazeutischen Hersteller und der Krankenkassen wurden inzwischen Strukturen aufgebaut, um diese neue Vertragsmöglichkeit intensiv zu nutzen. Bei einer weitergehenden Betrachtung ist auffällig, dass über 96% der rabattierten Arzneimittel den Bereich der generisch verfügbaren Wirkstoffe betreffen. Die restlichen 4% fallen in den patentgeschützten Bereich. Offenbar existieren für generisch verfügbare Wirkstoffe Rahmenbedingungen oder Anreize, die es für die direkten Vertragspartner Krankenkasse und pharmazeutischer Hersteller sinnvoll erscheinen lassen, entsprechende Rabattverträge abzuschließen

4.1 Generisch verfügbare Wirkstoffe

Der größte Teil der Rabattverträge betrifft mit über 96% der Menge bzw. 86% des Umsatzes den Bereich der generisch verfügbaren Wirkstoffe.[19] Jede Krankenkasse hat inzwischen mindestens einen Rabattvertrag für generisch verfügbare Wirkstoffe abgeschlossen. Diese Entwicklung ist darauf zurück zu führen, dass die

- verordnenden Ärzte den Austausch auf ein rabattiertes Arzneimittel nicht bzw. nur in einem geringen Umfang ausschließen und
- Apotheken zum Austausch auf ein rabattiertes Arzneimittel verpflichtet sind.

Diese Rahmenbedingungen sorgen dafür, dass die Krankenkassen eine direkte Nachfragemacht erhalten: Nur pharmazeutische Hersteller, die über einen Rabattvertrag verfügen, haben eine Chance, ihre Produkte bei den Versicherten der jeweiligen Krankenkasse abzusetzen. Insbesondere die Einflussnahme auf die Apotheke mittels eines eigenen Außendienstes hat an Bedeutung verloren.

---

[18] vgl. IMS Contract Manager 2009, S. 2
[19] vgl. IMS Contract Management, 2009, S. 2

4.2 Patentgeschützte Wirkstoffe

Vollkommen anders stellt sich der Markt der patentgeschützten Wirkstoffe dar. Aufgrund nicht vorhandener Austauschmöglichkeiten der Wirkstoffe fehlt hier ein Mittel, um eine direkte Nachfragemacht der Krankenkassen zu erzeugen. Obwohl dieses Marktsegment für Krankenkassen aus kostentechnischer Sicht ein viel interessanteres Gebiet ist, fehlen Anreize für die pharmazeutischen Hersteller, entsprechende Rabattverträge zu vereinbaren. Folgende Gründe verhindern den Abschluss von Rabattverträgen in diesem Marktsegment:

1. Pharmazeutische Hersteller haben keinen Anreiz, Preisnachlässe auf ihre Preise zu gewähren, wenn kein Wettbewerb existiert.
2. Krankenkassen legen den Fokus auf kurzfristige Einsparungen. Ansätze, deren Effekte erst mittel- bis langfristig eintreten, haben nur eine nachrangige Priorität. Damit haben Krankenkassen keine Präferenzen für Mehrwertverträge.
3. Internationale Konzerne erwarten Mindestabnahmemengen, um den Stückpreis zu reduzieren. Diese können die Krankenkassen nicht garantieren.
4. Versicherte, die durch Rabattverträge einen erleichterten Zugang zu den Arzneimitteln erhalten können, gelingt es nicht, ihre Interessen durchzusetzen.

5. Fazit:

Rabattverträge haben sich als Steuerungsinstrumente der Arzneimittelausgaben aus Sicht der GKV etabliert. Nachdem das Beschaffungsverfahren für generisch verfügbare Wirkstoffe geklärt ist, gilt es die Potenziale im Bereich der patentgeschützten Wirkstoffe zu heben. Hier bieten sich aus Sicht der DAK insbesondere „Risk- und Cost-sharing-Verträge" an, da mit diesen Vertragsformen für alle Beteiligten Vorteile erzielen lassen.

Verzeichnis der Autoren

Dr. Dirk Göpffarth
Bundesversicherungsamt
Friedrich-Ebert-Allee 38
53113 Bonn

Dr. Reiner Hess
Vorsitzender des
Gemeinsamen Bundesausschusses
Albrechtstraße 9
10117 Berlin

Dr. Klaus Knabner
Kaiserstuhlstraße 3
14129 Berlin

Professor Dr. Adelheid Kuhlmey
Direktorin d. Inst. f. Med. Soziologie
Zentr. f. Human- u. Gesundheitswiss.
Thielallee 47
14195 Berlin

Dr. Volker Leienbach
Verband der privaten Krankenversicherung e.V.
Bayenthalgürtel 26
50968 Köln

Klaus Meesters
Spitzenverband der Krankenkassen
Mittelstraße 51
10117 Berlin

Dierk Neugebauer
Novartis Pharma GmbH
Geschäftsführer
Roomstraße 25
90429 Nürnberg

Dr. Wolfgang Plischke
Bayer AG
Mitglied des Vorstands
51368 Leverkusen

Professor Dr. Herbert Rebscher
DAK
Vorsitzender des Vorstandes
Nagelsweg 27 - 31
20097 Hamburg

Dr. Thomas Scharmann
Deutscher Facharztverband e.V.
Mörikestraße 1
89129 Langenau

Karl-Heinz Schönbach
AOK - Bundesverband GbR
Leiter der Geschäftsführungseinheit Versorgung
Rosenthaler Str. 31
10178 Berlin

Johann-Magnus von Stackelberg
GKV-Spitzenverband
Mittelstraße 51
10117 Berlin

Dr. Christoph Straub
Rhön-Klinikum AG
Luisenstraße 28
65185 Wiesbaden

Dusan Tesic
Vivantes Netzwerk für Gesundheit GmbH
Klinikum Neukölln
Oranienburger Straße 285
13437 Berlin

Anke Walendzik
Universität Duisburg-Essen
Campus Essen
45117 Essen

Professor Dr. Jürgen Wasem
Universität Duisburg-Essen
Lehrstuhl für Medizinmanagement
Universitätsstraße, Raum R09 R02 H27
45117 Essen

Professor Dr. Eberhard Wille
Josef-Braun-Ufer 23
68165 Mannheim

Bernd Ziesemer
DAK
Nagelsweg 27-31
20097 Hamburg

STAATLICHE ALLOKATIONSPOLITIK IM MARKTWIRTSCHAFTLICHEN SYSTEM

Band 1 Horst Siebert (Hrsg.): Umweltallokation im Raum. 1982.

Band 2 Horst Siebert (Hrsg.): Global Environmental Resources. The Ozone Problem. 1982.

Band 3 Hans-Joachim Schulz: Steuerwirkungen in einem dynamischen Unternehmensmodell. Ein Beitrag zur Dynamisierung der Steuerüberwälzungsanalyse. 1981.

Band 4 Eberhard Wille (Hrsg.): Beiträge zur gesamtwirtschaftlichen Allokation. Allokationsprobleme im intermediären Bereich zwischen öffentlichem und privatem Wirtschaftssektor. 1983.

Band 5 Heinz König (Hrsg.): Ausbildung und Arbeitsmarkt. 1983.

Band 6 Horst Siebert (Hrsg.): Reaktionen auf Energiepreissteigerungen. 1982.

Band 7 Eberhard Wille (Hrsg.): Konzeptionelle Probleme öffentlicher Planung. 1983.

Band 8 Ingeborg Kiesewetter-Wrana: Exporterlösinstabilität. Kritische Analyse eines entwicklungspolitischen Problems. 1982.

Band 9 Ferdinand Dudenhöfer: Mehrheitswahl-Entscheidungen über Umweltnutzungen. Eine Untersuchung von Gleichgewichtszuständen in einem mikroökonomischen Markt- und Abstimmungsmodell. 1983.

Band 10 Horst Siebert (Hrsg.): Intertemporale Allokation. 1984.

Band 11 Helmut Meder: Die intertemporale Allokation erschöpfbarer Naturressourcen bei fehlenden Zukunftsmärkten und institutionalisierten Marktsubstituten. 1984.

Band 12 Ulrich Ring: Öffentliche Planungsziele und staatliche Budgets. Zur Erfüllung öffentlicher Aufgaben durch nicht-staatliche Entscheidungseinheiten. 1985.

Band 13 Ehrentraud Graw: Informationseffizienz von Terminkontraktmärkten für Währungen. Eine empirische Untersuchung. 1984.

Band 14 Rüdiger Pethig (Ed.): Public Goods and Public Allocation Policy. 1985.

Band 15 Eberhard Wille (Hrsg.): Öffentliche Planung auf Landesebene. Eine Analyse von Planungskonzepten in Deutschland, Österreich und der Schweiz. 1986.

Band 16 Helga Gebauer: Regionale Umweltnutzungen in der Zeit. Eine intertemporale Zwei-Regionen-Analyse. 1985.

Band 17 Christine Pfitzer: Integrierte Entwicklungsplanung als Allokationsinstrument auf Landesebene. Eine Analyse der öffentlichen Planung der Länder Hessen, Bayern und Niedersachsen. 1985.

Band 18 Heinz König (Hrsg.): Kontrolltheoretische Ansätze in makroökonometrischen Modellen. 1985.

Band 19 Theo Kempf: Theorie und Empirie betrieblicher Ausbildungsplatzangebote. 1985.

Band 20 Eberhard Wille (Hrsg.): Konkrete Probleme öffentlicher Planung. Grundlegende Aspekte der Zielbildung, Effizienz und Kontrolle. 1986.

Band 21 Eberhard Wille (Hrsg.): Informations- und Planungsprobleme in öffentlichen Aufgabenbereichen. Aspekte der Zielbildung und Outputmessung unter besonderer Berücksichtigung des Gesundheitswesens. 1986.

Band 22 Bernd Gutting: Der Einfluß der Besteuerung auf die Entwicklung der Wohnungs- und Baulandmärkte. Eine intertemporale Analyse der bundesdeutschen Steuergesetze. 1986.

Band 23 Heiner Kuhl: Umweltressourcen als Gegenstand internationaler Verhandlungen. Eine theoretische Transaktionskostenanalyse. 1987.

Band 24 Hubert Hornbach: Besteuerung, Inflation und Kapitalallokation. Intersektorale und internationale Aspekte. 1987.

Band 25 Peter Müller: Intertemporale Wirkungen der Staatsverschuldung. 1987.

Band 26 Stefan Kronenberger: Die Investitionen im Rahmen der Staatsausgaben. 1988.

Band 27 Armin-Detlef Rieß: Optimale Auslandsverschuldung bei potentiellen Schuldendienstproblemen. 1988.

Band 28 Volker Ulrich: Preis- und Mengeneffekte im Gesundheitswesen. Eine Ausgabenanalyse von GKV-Behandlungsarten. 1988.

Band 29 Hans-Michael Geiger: Informational Efficiency in Speculative Markets. A Theoretical Investigation. Edited by Ehrentraud Graw. 1989.

Band 30 Karl Sputek: Zielgerichtete Ressourcenallokation. Ein Modellentwurf zur Effektivitätsanalyse praktischer Budgetplanung am Beispiel von Berlin (West). 1989.

ALLOKATION IM MARKTWIRTSCHAFTLICHEN SYSTEM

Band 31 Wolfgang Krader: Neuere Entwicklungen linearer latenter Kovarianzstrukturmodelle mit quantitativen und qualitativen Indikatorvariablen. Theorie und Anwendung auf ein mikroempirisches Modell des Preis-, Produktions- und Lageranpassungsverhaltens von deutschen und französischen Unternehmen des verarbeitenden Gewerbes. 1991.

Band 32 Manfred Erbsland: Die öffentlichen Personalausgaben. Eine empirische Analyse für die Bundesrepublik Deutschland. 1991.

Band 33 Walter Ried: Information und Nutzen der medizinischen Diagnostik. 1992.

Band 34 Anselm U. Römer: Was ist den Bürgern die Verminderung eines Risikos wert? Eine Anwendung des kontingenten Bewertungsansatzes auf das Giftmüllrisiko. 1993.

Band 35 Eberhard Wille, Angelika Mehnert, Jan Philipp Rohweder: Zum gesellschaftlichen Nutzen pharmazeutischer Innovationen. 1994.

Band 36 Peter Schmidt: Die Wahl des Rentenalters. Theoretische und empirische Analyse des Rentenzugangsverhaltens in West- und Ostdeutschland. 1995.

Band 37 Michael Ohmer: Die Grundlagen der Einkommensteuer. Gerechtigkeit und Effizienz. 1997.

Band 38 Evamaria Wagner: Risikomanagement rohstoffexportierender Entwicklungsländer. 1997.

Band 39 Matthias Meier: Das Sparverhalten der privaten Haushalte und der demographische Wandel: Makroökonomische Auswirkungen. Eine Simulation verschiedener Reformen der Rentenversicherung. 1997.

Band 40 Manfred Albring / Eberhard Wille (Hrsg.): Innovationen in der Arzneimitteltherapie. Definition, medizinische Umsetzung und Finanzierung. Bad Orber Gespräche über kontroverse Themen im Gesundheitswesen 25.–27.10.1996. 1997.

Band 41 Eberhard Wille / Manfred Albring (Hrsg.): Reformoptionen im Gesundheitswesen. Bad Orber Gespräche über kontroverse Themen im Gesundheitswesen 7.–8.11.1997. 1998.

Band 42 Manfred Albring / Eberhard Wille (Hrsg.): Szenarien im Gesundheitswesen. Bad Orber Gespräche über kontroverse Themen im Gesundheitswesen 5.–7.11.1998. 1999.

Band 43 Eberhard Wille / Manfred Albring (Hrsg.): Rationalisierungsreserven im deutschen Gesundheitswesen. 2000.

Band 44 Manfred Albring / Eberhard Wille (Hrsg.): Qualitätsorientierte Vergütungssysteme in der ambulanten und stationären Behandlung. 2001.

Band 45 Martin Pfaff / Dietmar Wassener / Astrid Sterzel / Thomas Neldner: Analyse potentieller Auswirkungen einer Ausweitung des Pharmaversandes in Deutschland. 2002.

Band 46 Eberhard Wille / Manfred Albring (Hrsg.): Konfliktfeld Arzneimittelversorgung. 2002.

Band 47 Udo Schneider: Theorie und Empirie der Arzt-Patient-Beziehung. Zur Anwendung der Principal-Agent-Theorie auf die Gesundheitsnachfrage. 2002.

Band 48 Manfred Albring / Eberhard Wille: Die GKV zwischen Ausgabendynamik, Einnahmenschwäche und Koordinierungsproblemen. 2003.

Band 49 Uwe Jirjahn: X-Ineffizienz, Managementanreize und Produktmarktwettbewerb. 2004.

Band 50 Stefan Resch: Risikoselektion im Mitgliederwettbewerb der Gesetzlichen Krankenversicherung. 2004.

Band 51 Paul Marschall: Lebensstilwandel in Ostdeutschland. Gesundheitsökonomische Implikationen. 2004.

Band 52 Eberhard Wille / Manfred Albring (Hrsg.): Paradigmenwechsel im Gesundheitswesen durch neue Versorgungsstrukturen? 8. Bad Orber Gespräche. 6.–8. November 2003. 2004.

Band 53 Eberhard Wille / Manfred Albring (Hrsg.): Versorgungsstrukturen und Finanzierungsoptionen auf dem Prüfstand. 9. Bad Orber Gespräche. 11.–13. November 2004. 2005.

Band 54 Brit S. Schneider: Gesundheit und Bildung. Theorie und Empirie der Humankapitalinvestitionen. 2007.

Band 55 Klaus Knabner / Eberhard Wille (Hrsg.): Qualität und Nutzen medizinischer Leistungen. 10. Bad Orber Gespräche, 10.–12. November 2005. 2007.

Band 56 Holger Cischinsky: Lebenserwartung, Morbidität und Gesundheitsausgaben. 2007.

Band 57 Eberhard Wille / Klaus Knabner (Hrsg.): Wettbewerb im Gesundheitswesen: Chancen und Grenzen. 11. Bad Orber Gespräche. 16.–18. November 2006. 2008.

Band 58 Christian Igel: Zur Finanzierung von Kranken- und Pflegeversicherung. Entwicklung, Probleme und Reformmodelle. 2008.

Band 59 Christiane Cischinsky: Auswirkungen der Europäischen Integration auf das deutsche Gesundheitswesen. 2008.

Band 60 Eberhard Wille / Klaus Knabner (Hrsg.): Die besonderen Versorgungsformen: Herausforderungen für Krankenkassen und Leistungserbringer. 12. Bad Orber Gespräche über kontroverse Themen im Gesundheitswesen. 15.–17. November 2007. 2009.

Band 61 Malte Wolff: Interdependenzen von Arzneimittelregulierungen. 2010.

Band 62 Eberhard Wille / Klaus Knabner (Hrsg.): Qualitätssicherung und Patientennutzen. 13. Bad Orber Gespräche über kontroverse Themen im Gesundheitswesen. 20.–21. November 2008. 2010.

Band 63 Eberhard Wille / Klaus Knabner (Hrsg.): Reformkonzepte im Gesundheitswesen nach der Wahl. 14. Bad Orber Gespräche über kontroverse Themen im Gesundheitswesen. 12.-13. November 2009. 2011.

www.peterlang.de